绝密★启用前

全国硕士研究生招生考试

经济类联考综合能力预测试题

(科目代码：396)

考生注意事项

1. 答题前，考生须在试题册指定位置上填写考生姓名和考生编号；在答题卡指定位置上填写报考单位、考生姓名和考生编号，并涂写考生编号信息点。
2. 考生须把试题册上的"试卷条形码"粘贴条取下，粘贴在答题卡的"试卷条形码粘贴位置"框中。不按规定粘贴条形码而影响评卷结果的，责任由考生自负。
3. 选择题的答案必须涂写在答题卡相应题号的选项上，非选择题的答案必须书写在答题纸指定位置的边框区域内。超出答题区域写的答案无效；在草稿纸、试题册上答题无效。
4. 填（书）写部分必须使用黑色字迹签字笔或者钢笔书写，字迹工整、笔迹清楚；涂写部分必须使用 2B 铅笔填涂。
5. 考试结束，将答题卡和试题册按规定交回。

（以下信息考生必须认真填写）

考生编号															
考生姓名															

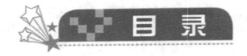

经济类联考综合能力预测试题(一) …………………………………………… 1
经济类联考综合能力预测试题(二) …………………………………………… 13
经济类联考综合能力预测试题(三) …………………………………………… 25
经济类联考综合能力预测试题(四) …………………………………………… 36

经济类联考综合能力预测试题(一)

一、数学基础：第 1～35 小题，每小题 2 分，共 70 分。下列每题给出的五个选项中，只有一个选项是最符合试题要求的。

1. 设 $f(x) = \dfrac{px^2 - 2}{x+1} - 3qx + 5$，若 $x \to \infty$ 时，$f(x)$ 为无穷小量，则 p, q 应满足条件

   A. $p = 0, q = 0$ 　　B. $p = 5, q = \dfrac{5}{3}$ 　　C. $p = \dfrac{1}{3}q$

   D. $p = q = \dfrac{5}{3}$ 　　E. $p = q = 5$

2. 极限 $\lim\limits_{x \to 0} \dfrac{\tan x - 2(1 - \cos x)}{3x + 4\ln(1+x^2)} =$

   A. $-\dfrac{2}{3}$ 　　B. $-\dfrac{1}{2}$ 　　C. $-\dfrac{1}{7}$

   D. $\dfrac{1}{4}$ 　　E. $\dfrac{1}{3}$

3. 设函数 $f(x) = \begin{cases} x+1, & x \leq 0, \\ x-1, & 0 < x \leq 2, \\ x, & x > 2, \end{cases}$ $g(x) = \begin{cases} x^2, & x < 1, \\ 2x-1, & x \geq 1, \end{cases}$ 则函数 $f(x) + g(x)$

   A. 有一个间断点 $x = 0$ 　　B. 有一个间断点 $x = 1$
   C. 有一个间断点 $x = 2$ 　　D. 有两个间断点 $x = 0$ 和 $x = 2$
   E. 有两个间断点 $x = 1$ 和 $x = 2$

4. 已知函数 $g(x)$ 在点 $x = 0$ 处可导，$g(0) = 1$，$g'(0) \neq 0$，且 $f(x) = \begin{cases} \dfrac{g(x) - e^{x^2}}{x}, & x \neq 0, \\ a, & x = 0 \end{cases}$ 在点 $x = 0$ 处连续，则 a 应取值

   A. $2g'(0)$ 　　B. $g'(0)$ 　　C. 0

   D. $\dfrac{1}{2}g'(0)$ 　　E. $-g'(0)$

5. 曲线 $y = \dfrac{1}{x+1}$ 过点 $(0,0)$ 处的切线方程为

   A. $y = -4x$ 　　B. $y = -3x$ 　　C. $y = -x$

   D. $y = -\dfrac{1}{3}x$ 　　E. $y = -\dfrac{1}{4}x$

6. 隐函数 $y = y(x)$ 由方程 $x\sin y - \cos(x-y) = 0$ 确定，则 $\dfrac{dy}{dx} =$

   A. $-\dfrac{\sin y + \sin(x-y)}{x\cos y}$ 　　B. $-\dfrac{\sin y + \sin(x-y)}{\sin(x-y)}$

   C. $\dfrac{\sin y + \sin(x-y)}{x\cos y - \sin(x-y)}$ 　　D. $-\dfrac{\sin y + \sin(x-y)}{x\cos y + \sin(x-y)}$

   E. $-\dfrac{\sin y + \sin(x-y)}{x\cos y - \sin(x-y)}$

7. 设 $f(x)$ 为奇函数,且 $f'(0)$ 存在,t 为非零常数,则 $\lim\limits_{x\to 0}\dfrac{f(x)-f(t\sin x)}{x}=$

　　A. ∞ 　　　　　　　　B. $f'(0)$ 　　　　　　　　C. $tf'(0)$
　　D. 0 　　　　　　　　　E. $(1-t)f'(0)$

8. 已知函数 $f(x)$ 在点 $x=a$ 的邻域内可导,且 $\lim\limits_{x\to a}\dfrac{f'(x)}{x-a}=2$,则

　　A. $x=a$ 是 $f(x)$ 的极小值点
　　B. $x=a$ 是 $f(x)$ 的极大值点
　　C. $(a,f(a))$ 是曲线 $y=f(x)$ 的拐点,但 $x=a$ 不是 $f(x)$ 的极值点
　　D. $(a,f(a))$ 不是曲线 $y=f(x)$ 的拐点,$x=a$ 也不是 $f(x)$ 的极值点
　　E. 不能确定 $(a,f(a))$ 是否为曲线 $y=f(x)$ 的拐点,也不能确定 $x=a$ 是否为 $f(x)$ 的极值点

9. 设 $f(x),g(x)$ 为恒大于零的正值函数,且满足 $f'(x)g(x)-f(x)g'(x)>0$,则当 $a<x<b$ 时,总有不等式

　　A. $f(x)g(a)<g(x)f(a)$ 　　　　　　B. $f(b)g(x)<g(b)f(x)$
　　C. $f(b)g(b)<g(a)f(a)$ 　　　　　　D. $f(b)g(a)<g(b)f(a)$
　　E. $f(a)g(b)<g(a)f(b)$

10. 设 $f(x)=\begin{cases}\dfrac{1}{2}(1+x^2), & 0\leqslant x<1,\\ \dfrac{1}{3}\left(\dfrac{1}{x}-1\right), & 1\leqslant x\leqslant 2,\end{cases}$ $g(x)=\int_0^x f(u)\mathrm{d}u$,则 $g(x)$ 在 $(0,2)$ 内

　　A. 无界 　　　　　　B. 单调递减 　　　　　　C. 连续
　　D. 可导 　　　　　　E. 单调递增

11. 设 $F(x)$ 是 $f(x)$ 的原函数,且 $F(x)=\dfrac{f(x)}{\cos x}$,则 $F(x)=$

　　A $Ce^{-\sin x}$ 　　　　　　B. $Ce^{\sin x}$ 　　　　　　C. $e^{\sin x}+C$
　　D. $Ce^{-\cos x}$ 　　　　　　E. $Ce^{\cos x}$

12. 已知 $\displaystyle\int\dfrac{xf(\sqrt{2x^2+1})}{\sqrt{2x^2+1}}\mathrm{d}x=e^{2x^2-1}+C$,则 $\displaystyle\int\dfrac{f(\sqrt{x})}{\sqrt{x}}\mathrm{d}x=$

　　A. $4e^{x-2}+4C$ 　　　　　　B. $2e^{x-2}+2C$ 　　　　　　C. $e^{x-2}+C$
　　D. $\dfrac{1}{2}e^{x+2}+C$ 　　　　　　E. $\dfrac{1}{4}e^{x+2}+C$

13. 定积分 $\displaystyle\int_{-a}^{a}(x-a)^2\sqrt{a^2-x^2}\,\mathrm{d}x=$

　　A. $\dfrac{5}{8}\pi a^4$ 　　　　　　B. $\dfrac{3}{4}\pi a^3$ 　　　　　　C. $\dfrac{5}{4}\pi a^4$
　　D. $\dfrac{3}{2}\pi a^3$ 　　　　　　E. $\dfrac{5}{2}\pi a^4$

14. 设 $xe^x\displaystyle\int_0^1 f(x)\mathrm{d}x+\dfrac{3}{1+x^2}+f(x)=1$,则 $\displaystyle\int_0^1 f(x)\mathrm{d}x=$

　　A. $\dfrac{1}{2}-\dfrac{3}{4}\pi$ 　　　　　　B. $\dfrac{1}{2}-\dfrac{3}{8}\pi$ 　　　　　　C. $\dfrac{1}{2}-\dfrac{1}{4}\pi$

D. $1-\dfrac{3}{8}\pi$ E. $1-\dfrac{3}{4}\pi$

15. 设 $f(x)=ax^3+bx^2+cx+d$ 满足 $\dfrac{d}{dx}\left[\int_x^{x+1}f(t)dt\right]=x^2+x-1$，则 a,b,c,d 取值依次为

   A. $a=\dfrac{1}{3},b=0,c=\dfrac{4}{3},d=0$ B. $a=\dfrac{1}{3},b=1,c=-\dfrac{4}{3},d=1$

   C. $a=\dfrac{1}{3},b=1,c=-\dfrac{2}{3},d=2$ D. $a=\dfrac{1}{3},b=\dfrac{1}{2},c=-\dfrac{1}{3},d=3$

   E. $a=\dfrac{1}{3},b=0,c=-\dfrac{4}{3},d$ 为任意常数

16. 设 $P=\int_0^1 x^3\ln(1+\sqrt[3]{x})dx$，$Q=\int_0^1 x^3\ln(1+\sqrt{x})dx$，$R=\int_0^1 x^2\ln(1+\sqrt[3]{x})dx$，则 P,Q,R 满足不等式

   A. $P>Q>R$ B. $R>Q>P$ C. $Q>R>P$
   D. $P>R>Q$ E. $R>P>Q$

17. 设函数 $f(x)$ 在 $[0,+\infty)$ 上可导，并有反函数 $g(x)$，且 $f(0)=0$，若 $\int_0^{f(x)}g(t)dt=x^2 e^x$，则 $f(x)=$

   A. $(x+1)e^x$ B. $(x-1)e^x$ C. xe^x-1
   D. $(x+1)e^x-1$ E. $(x-1)e^x-1$

18. 设函数 $u(x,y)$ 具有一阶连续偏导数，且 $\dfrac{\partial u}{\partial x}=x$，$u(x,x^3)=1$，则 $\dfrac{\partial u}{\partial y}=$

   A. $\dfrac{1}{3x}$ B. $\dfrac{1}{2x}$ C. $\dfrac{1}{x}$

   D. $-\dfrac{1}{2x}$ E. $-\dfrac{1}{3x}$

19. 已知 $z=\ln(\sqrt[n]{x}+\sqrt[n]{y})$，则 $x\dfrac{\partial z}{\partial x}+y\dfrac{\partial z}{\partial y}=$

   A. n B. 1 C. $\dfrac{2}{n}$

   D. $\dfrac{1}{n}$ E. 0

20. 设函数 $f(x,y)=(x+y^2)e^{\frac{x}{2}}$，则 $(-2,0)$
   A. 是 $f(x,y)$ 的驻点，且为极大值点   B. 是 $f(x,y)$ 的驻点，且为极小值点
   C. 是 $f(x,y)$ 的驻点，但不是极值点   D. 不是 $f(x,y)$ 的驻点，但是极大值点
   E. 不是 $f(x,y)$ 的驻点，但是极小值点

21. 设函数 $f(x,y)=3axy-x^3-y^3$，则 $f(a,a)$
   A. 当 $a=0$ 时为函数的极大值   B. 当 $a=0$ 时为函数的极小值
   C. 当 $a>0$ 时为函数的极大值   D. 当 $a>0$ 时为函数的极小值
   E. 当 $a<0$ 时为函数的极大值

22. 设行列式 $D=\begin{vmatrix} 3x & 1 & x & 2 \\ 1 & 2 & x & 3 \\ 0 & -x & 3 & 1 \\ 2 & 3 & 1 & 2x \end{vmatrix}$，则 D 的展开式中 x^4 的系数为

A. 3　　　　　　　　　B. 4　　　　　　　　　C. 2
D. -4　　　　　　　E. -8

23. 设行列式 $D = \begin{vmatrix} 1 & 1 & 1 & 1 \\ 1 & 2 & 2 & 3 \\ 1 & 2 & 3 & 1 \\ -1 & 3 & 0 & 1 \end{vmatrix}$，则行列式的第 2 行元素的余子式之和为

    A. -3　　　　　　　B. -5　　　　　　　C. -7
    D. -14　　　　　　E. -16

24. 若 $\begin{bmatrix} a & 1 & -1 \\ 2 & 0 & 1 \\ 0 & 4 & 1 \end{bmatrix} \begin{bmatrix} 3 \\ a \\ -4 \end{bmatrix} = k \begin{bmatrix} b \\ 1 \\ 2b \end{bmatrix}$，则 a,b,k 取值依次为

    A. $-3, -4, 2$　　　　B. $-6, -8, 2$　　　　C. $-4, -4, 2$
    D. $-2, 0, 2$　　　　　E. $-1, 0, -27$

25. 设 A, B, C 为 3 阶矩阵，且 $A = \begin{bmatrix} 2 & 1 & 0 \\ -1 & 3 & 2 \\ 2 & -5 & 3 \end{bmatrix}$, $B = \begin{bmatrix} 2 & 1 & 0 \\ -1 & 1 & 2 \\ 2 & 0 & 3 \end{bmatrix}$, $ACB = E$, 则 $C^{-1} =$

    A. $\begin{bmatrix} 3 & 3 & 2 \\ -1 & 2 & 12 \\ 15 & -3 & -1 \end{bmatrix}$　　B. $\begin{bmatrix} 3 & -1 & 15 \\ 3 & 2 & -3 \\ 2 & 12 & -1 \end{bmatrix}$　　C. $\begin{bmatrix} -1 & 12 & 2 \\ -3 & 2 & 3 \\ 15 & -1 & 3 \end{bmatrix}$

    D. $\begin{bmatrix} 3 & 5 & 2 \\ 1 & -8 & 8 \\ 10 & -13 & 9 \end{bmatrix}$　　E. $\begin{bmatrix} 3 & 1 & 10 \\ 5 & 2 & -13 \\ 2 & 8 & 9 \end{bmatrix}$

26. 设向量组 $\boldsymbol{\alpha}_1, \boldsymbol{\alpha}_2, \boldsymbol{\alpha}_3$ 线性无关，则下列向量组线性相关的是

    A. $\boldsymbol{\alpha}_1 - \boldsymbol{\alpha}_2, \boldsymbol{\alpha}_2 + \boldsymbol{\alpha}_3, 2\boldsymbol{\alpha}_1 - \boldsymbol{\alpha}_2 - \boldsymbol{\alpha}_3$　　B. $\boldsymbol{\alpha}_1, \boldsymbol{\alpha}_1 + \boldsymbol{\alpha}_2, \boldsymbol{\alpha}_1 + \boldsymbol{\alpha}_2 + \boldsymbol{\alpha}_3$
    C. $\boldsymbol{\alpha}_1 - 2\boldsymbol{\alpha}_2, \boldsymbol{\alpha}_2 - 2\boldsymbol{\alpha}_3, \boldsymbol{\alpha}_3 + 2\boldsymbol{\alpha}_1$　　D. $\boldsymbol{\alpha}_1 + \boldsymbol{\alpha}_2, \boldsymbol{\alpha}_2 + \boldsymbol{\alpha}_3, \boldsymbol{\alpha}_3 + \boldsymbol{\alpha}_1$
    E. $\boldsymbol{\alpha}_1 - \boldsymbol{\alpha}_2 + 2\boldsymbol{\alpha}_3, \boldsymbol{\alpha}_2 - \boldsymbol{\alpha}_3, \boldsymbol{\alpha}_3 + \boldsymbol{\alpha}_1$

27. 设线性方程组 $\begin{cases} x_1 + ax_2 = b_1, \\ x_2 + ax_3 = b_2, \\ x_3 + ax_4 = b_3, \\ x_4 + ax_1 = b_4, \end{cases}$ 若对于任意的 b_1, b_2, b_3, b_4，方程组总有解，则 a

    A. $\neq -1$　　　　　B. $\neq 1$　　　　　　C. $\neq \pm 1$
    D. $= -1$　　　　　　E. $= 1$

28. 已知线性无关向量组 Ⅰ: $\boldsymbol{\alpha}_1, \boldsymbol{\alpha}_2, \cdots, \boldsymbol{\alpha}_r$ 可由向量组 Ⅱ: $\boldsymbol{\beta}_1, \boldsymbol{\beta}_2, \cdots, \boldsymbol{\beta}_s$ 线性表示，则下列命题正确的是

    A. 若向量组 Ⅱ 线性无关，则必有 $r < s$
    B. 若向量组 Ⅱ 线性相关，则必有 $r \geq s$
    C. 无论向量组 Ⅱ 是否线性相关，都有 $r \leq s$
    D. 无论向量组 Ⅱ 是否线性相关，都有 $r > s$
    E. 无论向量组 Ⅱ 是否线性相关，r, s 之间无大小关系

29. 设随机变量 X 的分布函数 $F(x) = \begin{cases} 0, & x < 0, \\ \dfrac{1}{3}, & 0 \leq x < 1, \\ 1 - e^{-x}, & x \geq 1, \end{cases}$ 则 $P\{X = 1\} =$

   A. 0
   B. $\dfrac{1}{3}$
   C. $1 - e^{-1}$
   D. $\dfrac{2}{3} - e^{-1}$
   E. $\dfrac{2}{3}$

30. 某路公交车每天早晨 6 点开始发车，每次发车时间间隔为 15 分钟，某人每天早晨在 6 点至 6 点 15 分之间等可能地赶到车站，则此人在一周内有 5 天等车时间不超过 5 分钟的概率为

   A. $\dfrac{1}{3}$
   B. $\dfrac{5}{9}$
   C. $\dfrac{7}{81}$
   D. $\dfrac{14}{243}$
   E. $\dfrac{28}{729}$

31. 设相互独立的两个随机变量 X_1 与 X_2 具有同一分布律，且 X_1 的分布律为

X_1	0	1
P	$\dfrac{1}{4}$	$\dfrac{3}{4}$

   则随机变量 $Y = \min\{X_1, X_2\}$ 的分布律为

   A.
Y	0	1
P	$\dfrac{1}{16}$	$\dfrac{15}{16}$

   B.
Y	0	1
P	$\dfrac{7}{16}$	$\dfrac{9}{16}$

   C.
Y	0	1
P	$\dfrac{4}{16}$	$\dfrac{12}{16}$

   D.
Y	0	1
P	$\dfrac{12}{16}$	$\dfrac{4}{16}$

   E.
Y	0	1
P	$\dfrac{9}{16}$	$\dfrac{7}{16}$

32. 某箱装有 10 件产品，其中含次品数从 0 到 2 是等可能的，开箱检验时，从中任取 1 件，如检验出是次品，则认为该箱产品不合格而拒收. 假设由于检验有误，将 1 件正品误判为次品的概率为 2%，1 件次品被漏查而判为正品的概率为 5%，则该箱产品通过验收的概率为

   A. 0.95
   B. 0.913
   C. 0.90
   D. 0.887
   E. 0.85

33. 设随机变量 X 和 Y 相互独立且分别服从区间 $[0,2]$ 和 $[0,1]$ 上的均匀分布，若 $Z = \begin{cases} -1, & Y < \dfrac{1}{2}X, \\ 1, & \dfrac{1}{2}X \leq Y < 2X, \\ 3, & Y \geq 2X, \end{cases}$ 则随机变量 Z 的数学期望为

A. 0.21 B. 0.23 C. 0.25
D. 0.32 E. 0.35

34. 设 $\varphi(x)$ 是连续型随机变量 X 的概率密度，$F(x)$ 为其分布函数．则下列结论中不正确的是

A. 若 $\varphi(x) = \varphi(-x)$，则 $F(x) = F(-x)$
B. $P\{X = x\} \leqslant F(x)$
C. $2F(x)\varphi(x)$ 也是某连续型随机变量的概率密度
D. $F^2(x)$ 也是某连续型随机变量的分布函数
E. $F^3(x)$ 也是某连续型随机变量的分布函数

35. 设随机变量 X 的概率密度为

$$f(x) = \begin{cases} \dfrac{A}{\sqrt{1-x^2}}, & -1 < x < 1, \\ 0, & 其他, \end{cases}$$

则 $EX^2 =$

A. $\dfrac{A\pi}{4}$ B. $\dfrac{A\pi}{2}$ C. $\dfrac{1}{4}$

D. $\dfrac{1}{3}$ E. $\dfrac{1}{2}$

二、逻辑推理：第 36～55 小题，每小题 2 分，共 40 分。下列每题给出的五个选项中，只有一个选项是最符合试题要求的。

36. 一个企业只有一直在吸纳人才和培养人才，才能建立起战略型人才梯队。而战略型人才梯队，是一个企业不断扩展其规模所必需的。

以下哪种情况如果存在，最能削弱以上断定？

A. 戊企业没有吸纳人才，但其管理型人才梯队一直在扩展。
B. 乙企业一直在培养人才，并建立起战略型人才梯队。
C. 丙企业建立起战略型人才梯队，但并没有不断扩展其规模。
D. 丁企业没有不断扩展其规模，但一直在吸纳人才和培养人才。
E. 甲企业不断扩展其规模，但没有一直在吸纳人才。

37. 知名度和美誉度反映了社会公众对一个组织的认识和赞许的程度，两者都是公共关系学所强调的追求目标。一个组织的形象如何，取决于它的知名度和美誉度。公共关系策划者需要明确：只有不断提高知名度，才能不断提高组织的美誉度。知名度只有以美誉度为基础才能产生积极的效应。同时，美誉度要以知名度为条件，才能充分显示其社会价值。

根据以上信息可知，知名度和美誉度的关系为：

A. 知名度高，美誉度必然高。
B. 知名度低，美誉度必然低。
C. 只有美誉度高，知名度才能高。
D. 只有知名度产生了积极效应，美誉度才能提高。
E. 只有美誉度显示了社会价值，知名度才能提高。

38. 有诗云："五岳归来不看山"。
    以下哪项与上述推理方式最相近？
    A. 疑是银河落九天。
    B. 桂林山水甲天下。
    C. 稻花香里说丰年。
    D. 二月春风似剪刀。
    E. 上穷碧落下黄泉。

39. 赞助商要想通过奥运会取得商业上的成功，仅仅在名片上增加"五环"或支起帐篷招揽游客是远远不够的。近15年来，作为奥林匹克运动会的全球性赞助商，VISA国际组织认为有效地利用这一全球最大的体育和文化盛事，并不只是举办简单的往奥运圣火里扔钱的活动。
    根据以上信息，以下哪项最有可能为真？
    A. 赞助商要想通过对奥运会的赞助以达到商业上的成功，还需要有效的市场营销。
    B. 赞助奥林匹克运动会是一种往奥运圣火里扔钱的活动。
    C. VISA国际组织是全球最大的奥林匹克运动会赞助商。
    D. VISA国际组织没有支起帐篷招揽游客。
    E. 15年前，VISA国际组织没有赞助奥林匹克运动会。

40. 蚊子可传播多种疾病，如疟疾、丝虫病、乙型脑炎等。有人担心由于蚊子叮咬了感染了HIV病毒的人而叮咬下一位时会将存在蚊子体内的HIV病毒在人际间传播。但研究人员指出这样的担心大可不必。
    以下哪项为真，最能支持研究人员的观点？
    A. 感染了HIV病毒的人的血液中并不总是拥有高水平的HIV病毒。
    B. 蚊子叮咬感染了HIV病毒的人后不一定立即去叮咬下一个人。
    C. 蚊子通过食管吸入血液，这种血液的吸入总是单向的。
    D. 孩子容易被蚊子叮咬，但他们身上极少发生HIV感染。
    E. 蚊子通过食管吸入血液，这种血液的吸入总是双向的。

41. 欧亚梅花鲈是近年来无意中引入北美五大湖的一种鱼类，它以白鲑（一种本地鱼种）的卵为食，从而威胁着湖泊的自然生态系统。为了帮助追踪到梅花鲈的扩散，有机构制作了有关梅花鲈的小卡片。这些卡片印有梅花鲈的图片，并解释了它们可能会造成的危险；这些卡片还要求垂钓者上交出他们捕获的所有梅花鲈。
    以下哪项如果属实，将为机构行动产生的预期效果提供最大的支持？
    A. 梅花鲈有刺鳍，使它难以成为被捕食的猎物。
    B. 梅花鲈通常在晚上进食，但大部分在五大湖的休闲捕鱼活动都在白天进行。
    C. 大多数在五大湖钓鱼的人都对保护白鲑感兴趣，因为白鲑是非常珍贵的鱼种。
    D. 梅花鲈是五大湖中的非本地物种之一，它们的存在威胁着那里的白鲑鱼种的生存。
    E. 大多数人在五大湖捕鱼时使用的鱼饵对梅花鲈没有吸引力。

42. 五位同学对毕业去向进行讨论。小张说："小王去了百度，小李去了顺丰。"小王说："小李去了阿里，小赵去了浦发。"小李说："小赵去了顺丰，小周去了浦发。"小赵说："小周去了腾讯，小李去了阿里。"小周说："小张去了阿里，小李去了腾讯。"
    已知每个人所去的单位都不同，而且每个人的去向都有人说对。
    关于每个人的毕业去向，以下哪项最有可能？

A. 小李去了阿里，小赵去了百度，小张去了腾讯，小王去了顺丰，小周去了浦发。
B. 小周去了阿里，小王去了百度，小赵去了腾讯，小张去了顺丰，小李去了浦发。
C. 小张去了阿里，小王去了百度，小李去了腾讯，小赵去了顺丰，小周去了浦发。
D. 小赵去了阿里，小李去了百度，小周去了腾讯，小张去了顺丰，小王去了浦发。
E. 小王去了阿里，小张去了百度，小李去了腾讯，小赵去了顺丰，小周去了浦发。

43. 所有能干的管理人员都关心下属的福利；在满足个人需求方面，不开明的管理人员都无法得到下属的支持。有的关心下属福利的管理人员在满足个人需求方面很开明；有的得到下属支持的管理人员并不能干。
根据以上条件，能推出以下哪项？
A. 有的能干的管理人员在满足个人需求方面是开明的。
B. 有的得到下属支持的管理人员不关心下属的福利。
C. 有的在满足个人需求方面不开明的管理人员很能干。
D. 有的关心下属福利的管理人员能得到下属的支持。
E. 所有得到下属支持的管理人员在满足个人需求方面都是开明的。

44. 有一份试卷共六道题，其得分标准为：一道题答对得8分，答错得0分，不答得2分。某位同学得了20分。
以下哪项最有可能符合他的作答情况？
A. 至多答对一道题。　　　　　　　B. 至少有三道题没答。
C. 至少答对三道题。　　　　　　　D. 答错两道题。
E. 至多有一道题没答。

45. 小张和小李来自两个不同的学校，但两人都是三好学生，而且他们都有共同的特点：学习好、品德好、身体好。所以，学习好、品德好、身体好是小张和小李成为三好学生的原因。
以下哪项与上述推理方式最接近？
A. 全国各地的寺庙虽然规模大小不一，但都摆放着佛像，小李家有佛像。所以，小李家是寺庙。
B. 蚂蚁能辨别气味和方向，但将其触角剪掉，其就会像"没头的苍蝇"。所以，蚂蚁依靠触角辨别气味和方向。
C. 独生子女和非独生子女的性格差异是由环境造成的。所以，改变独生子女和非独生子女的性格必须改变环境。
D. 晴朗的夜空能看到北斗七星，而晴朗的白天则看不到北斗七星。所以，北斗七星是一种光学现象。
E. 某医院同时有不同的腹泻病人前来就诊。当得知他们都吃了某超市出售的田螺时，医生判断腹泻可能是由田螺引起的。

46. 曙光研究所为了加强与合作单位的科研合作，需要派出若干名科技人员前往合作单位开展工作。根据工作要求，研究所领导决定：
(1) 在甲和乙两人中至少要派出一人；
(2) 在乙与丙两人中至多能派出一人；
(3) 如果派出丁，则丙和戊两人都要派出；

(4) 在甲、乙、丙、丁、戊五人中至少应派出三人。

据此，关于派出人员，以下哪项最有可能为真？

A. 甲。　　　　　　　　B. 乙。　　　　　　　　C. 戊。

D. 丙或丁。　　　　　　E. 甲或戊。

47. 一项关于夏季艺术节门票销售的研究发现，那些买了单场表演门票的人的缺席率低于1％，而那些预付了整个艺术节共10场表演套票的人缺席率达到近30％。其部分原因在于，如果顾客越能意识到门票浪费的成本，他们就越有可能去使用它。

以下哪项如果为真，能够为这项研究的结果做另一种解释？

A. 套票的票价比单张票价略便宜。

B. 很多参加艺术节的人深信他们能支付得起票价。

C. 那些购买套票的人如果缺席，可以申请部分退款。

D. 买了单场表演门票的人通常是有针对性地观看他们购买的那场表演。

E. 在演出开始之前就到达的人，并不能确保他们可以获得观看节目的首选席位。

48. 北京某报以"15％的爸爸替别人养孩子"为题，发布了北京某司法物证鉴定中心的统计数据：在一年时间内北京进行亲子鉴定的近600人中，有15％的检测结果排除了亲子关系。

以下哪项最能质疑该统计推断的可靠性？

A. 该文标题应加限定：在进行亲子鉴定的人中，15％的爸爸替别人养孩子。

B. 当爸爸选择进行亲子鉴定时，就已经对其亲子关系有所怀疑。

C. 现代科学技术未必真的能够准确地鉴定亲子关系。

D. 进行亲子鉴定的费用太高了。

E. 该司法物证鉴定中心的主要业务不是亲子鉴定。

49. 医生甲、乙、丙可治L、M、N、O四种病。医生甲只能治其中的一种病。医生乙不能治M病。O病不能由医生丙治。L病和O病由同一个医生治。每种病只有一个医生能治。

根据以上对事实的陈述，以下哪项判断为假？

A. 医生甲不能治O病。　　　　　　　　B. 医生乙只能治其中一种病。

C. 医生丙不能治L病。　　　　　　　　D. 无法判断哪位医生能治M病。

E. 无法判断哪位医生能治N病。

50. 脸部肌肉直接和大脑的情绪控制区相连，所以面部表情是心情的窗口。通过近距离地观察面部表情、肢体语言和说话声调，有可能识别出说谎者的谎言痕迹。

以下哪项如果为真，最能够质疑上述观点？

A. 即便最高科技的谎言识别器都无法识破所有谎言。

B. 极少数的人能够下意识地控制他们的整个面部表情。

C. 真实的情绪和不真实的情绪通过不同的方式进入大脑。

D. 观察面部表情、肢体语言和说话声调需要受过专业训练。

E. 如果有人说他很伤心，但他的眉毛内侧没有上拉，那么他的悲伤很可能是假的。

51. 甲、乙、丙、丁是四位天资极高的艺术家，他们分别是舞蹈家、画家、歌唱家和作家，尚不能确定其中每个人所从事的专业领域，已知：

(1) 有一天晚上，甲和丙出席了歌唱家的首次演出；

(2) 画家曾为乙和作家两个人画过肖像；

(3) 作家正准备写一本甲的传记，他所写的丁的传记是畅销书；

(4) 甲从来没有见过丙。

以下哪项正确地描述了每个人的身份？

A. 甲是歌唱家，乙是作家，丙是画家，丁是舞蹈家。

B. 甲是舞蹈家，乙是歌唱家，丙是作家，丁是画家。

C. 甲是画家，乙是作家，丙是歌唱家，丁是作家。

D. 甲是作家，乙是画家，丙是舞蹈家，丁是歌唱家。

E. 甲是作家，乙是歌唱家，丙是舞蹈家，丁是画家。

52. 说到哭，很多人会联想到婴儿的啼哭和女人的眼泪。而男人们向来被冠以"男儿有泪不轻弹"的坚强形象，似乎哭就是一件丢人的事，其实哭泣对所有人都很重要，它不仅能宣泄情绪，还是人体自我保护的方式。

以下哪项如果为真，最能加强以上观点？

A. 越喜欢哭的人往往承受能力越弱，越容易走极端。

B. 眼泪中含有溶菌酶，能在5～10分钟的时间内杀灭90%～95%的细菌。

C. 哭泣是一项人类高度进化的行为，只有人类才具有真正意义上的哭泣。

D. 通常哭泣能比服用抗抑郁药起到更好的自我安慰和提升情绪的作用。

E. 一般一个月内，男人最多哭泣7次，而女人的流泪次数则超过30次。

53. 与普通消费品以产品成本为基础的定价方式相异，奢侈品品牌通常会根据不同的市场期望值制定出欧洲、北美洲、亚洲3个不同的零售价格区域。在以法国、意大利为主要原产地的欧洲，奢侈品的定价往往最低。而欧洲品牌到了北美洲市场，通常也只会把价格稍微提高一些，因为那里的消费者对奢侈品的消费心理已经成熟。而在亚洲市场，奢侈品品牌的定价是最高的。

以下哪项最能解释奢侈品品牌在亚洲市场定价最高这一现象？

A. 亚洲远离奢侈品品牌原产地，物流成本高。

B. 亚洲地区的人工及店铺租金等经营成本相对较高。

C. 亚洲市场的消费者对奢侈品品牌怀有过高的期望值。

D. 亚洲人民收入普遍很高，亚洲是很好的消费市场。

E. 亚洲市场拥有比欧洲、美国市场更为庞大的奢侈品消费群体。

54. 太平洋某岛上的居民有博彩习惯。每次博彩完毕，中彩者总要庆祝一番，和邻居以及亲朋好友们分享他们的好运气。不过这种庆祝活动在乡村和城市有明显的区别。在乡村，中彩居民通常要举行盛大宴会。这种宴会往往会挥霍掉他们中彩所得的绝大部分奖金。但是在城市，中彩居民的庆祝规模却小得多。他们通常会将大部分的奖金用于个人投资，而不是像乡村居民那样将奖金统统挥霍掉。

以下哪项如果为真，最能解释该岛上乡村居民和城市居民在中彩后行为上的差别？

A. 该岛上乡村居民的人数大大超过城市居民的人数，所以在乡村请客的花费要远远大于城市。

B. 该岛上的城市居民在买彩票时通常一次买好几种彩票，但他们购买的次数大大少于乡村居民。

C. 乡村居民购买彩票中奖的消息是由公共告示栏公布的,而城市居民购买彩票中奖的消息是由私人邮件通知的。

D. 该岛上乡村居民的家庭一般有十二到十四口人,而城市居民的家庭一般只有六到七口人。

E. 该岛上在乡村发售的彩票数要远远多于在城市发售的彩票数。

55. 酸雨通常是指酸碱度指数,即 pH 值低于 5.6 的酸性降水。它对人体健康、生态环境、建筑设施都有很大的危害,每年造成的直接经济损失达数百亿美元。可以确认,大气中的二氧化硫和二氧化氮是形成酸雨的主要物质,它们在空气中氧化剂的作用下形成溶于水的种酸。科研人员研究指出,减少煤和石油的使用是防治酸雨的治本之策。

上述科研人员的判断还需基于以下哪一前提?

A. 煤和石油的燃烧会向空气中排放大量的二氧化硫和二氧化氮。

B. 煤和石油燃烧后排放的气体结合二氧化硫、二氧化氮会形成种酸。

C. 酸雨面积的扩大将消耗大量的煤和石油资源,导致能源危机的发生。

D. 煤和石油燃烧释放的氧化剂使二氧化硫和二氧化氮结合形成种酸。

E. 煤和石油燃烧释放的气体除了会造成酸雨外,还会产生对人体有害的其他气体。

三、写作:第 56~57 小题,每小题 20 分,共 40 分。

56. 论证有效性分析:分析下述论证中存在的缺陷和漏洞,选择若干要点,写一篇 600 字左右的文章,对该论证的有效性进行分析和评论。(论证有效性分析的一般要点是:概念特别是核心概念的界定和使用是否准确并前后一致,有无各种明显的逻辑错误,论证的论据是否支持结论,论据成立的条件是否充分等。)

对于参加管理类联考的考生来说,写作的备考不需要开始得太早。

写作是主观题,主观题没有标准答案,"文无第一",这就意味着阅卷时的各种偶然性——可能是阅卷老师的心情,或者是你的字迹——决定了分数。因而,在写作科目上做太多努力往往是徒劳无功的,与其花时间练习写作,倒不如多练练字。大部分考生的写作得分都拉不开差距,这本身就说明了写作备考的徒劳无功。既然如此,还需要及早动手准备写作科目的复习吗?

写作不像数学和逻辑,可以追求满分。历年的高分考生中没有一个是写作满分的。相反,写作拿高分的考生未必能在整个考试中胜出。既然如此,花再多时间备考写作又有什么用呢?既然写作不需要花费太多时间,那么准备得太早不是反而耽误了其他学科的学习吗?考生必须懂得权衡轻重:拿高分不能靠写作。

写作备考只需要背背模板。以论证有效性分析为例,说来说去就是那么几种逻辑错误,准备模板即可应对。论说文的题目灵活多变,考生不可能准备得面面俱到,你准备得再多,只要考场题目超出你准备的范围,那就意味着之前的努力完全无效。与其冒这样的风险,还不如只准备几个通用的例子,考场上确保字数写满即可。面对超出你想象的题目,要想在考场上写出论证严密的作文来,无异于天方夜谭。

所以说,写作拿到平均分,不拖累总分即可,完全不需要分配太多时间,可以考前临时抱佛脚。

57. 论说文：根据下述材料，写一篇600字左右的论说文，题目自拟。

世界500强的企业招聘的时候基本上是从985或者211的研究生里面去挑，一些顶级投行例如摩根士丹利基本只招世界名校的学生。这个规则本质上是不公平的，因为没有考上985或者211研究生的人也有可能是精英，但是从整个社会来看它又是公平的。因为这些名校的学生里面出现精英的比例很大，能够极大地降低招聘成本，提高招聘效率。

经济类联考综合能力预测试题（二）

一、数学基础：第 1~35 小题，每小题 2 分，共 70 分。下列每题给出的五个选项中，只有一个选项是最符合试题要求的。

1. 若 $x \to 0$ 时，$x\ln(1+x^n)$ 是比 $(1-\cos^2 x)\tan^3 x$ 低阶的无穷小量，同时，$x\ln(1+x^n)$ 又是比 $1-e^{x^3}$ 高阶的无穷小量，则 $n =$

   A. 1   B. 2   C. 3
   D. 4   E. 5

2. 设 $\lim\limits_{x \to +\infty} f(x)$ 存在，且 $\lim\limits_{x \to +\infty} xf(x) = \lim\limits_{x \to +\infty} [3f^2(x) - 4]$，则 $\lim\limits_{x \to +\infty} xf(x) =$

   A. -4 B. -3 C. 0
   D. 3   E. 4

3. 设函数 $f(x), g(x)$ 在点 $x = x_0$ 的某邻域内有定义，点 $x = x_0$ 均为两个函数的一个间断点，则下列函数中，在点 $x = x_0$ 处必定间断的是

   A. $f(x)(x^2 - x_0^2)$ B. $f(x) + e^{2x}$ C. $|f(x)|$
   D. $f(x) + g(x)$ E. $f(x)g(x)$

4. 设函数 $f(x) = \begin{cases} e^{-\frac{1}{x^2}}, & x \neq 0, \\ 0, & x = 0. \end{cases}$

   ① $f(x)$ 在 $x = 0$ 处连续；
   ② $f(x)$ 在 $x = 0$ 处可导，且 $f'(0) = 0$；
   ③ $f(x)$ 在 $x = 0$ 处取极大值；
   ④ $f(x)$ 在 $x = 0$ 处有二阶导数，且 $f''(0) = 0$.

   则以上结论正确的是

   A. ①②③   B. ①②④   C. ①③
   D. ③   E. 以上结论均不正确

5. 已知两曲线 $y = f(x), y = \int_0^{\arctan x} e^{-t^2} dt$ 在点 $(0,0)$ 处有公切线，则 $\lim\limits_{n \to \infty} nf\left(\dfrac{1}{2n}\right) =$

   A. $-\dfrac{1}{2}$ B. 0   C. $\dfrac{1}{2}$
   D. 1   E. 2

6. 设函数 $f(x) = x(x+1)(x+2)\cdots(x+11)$，则 $f'(-1) =$

   A. $-11!$ B. $-10!$ C. $-9!$
   D. $9!$ E. $10!$

7. 设 $y = y(x)$ 是由方程 $(2\sin x)^{y-1} = \left(\dfrac{y}{2}\right)^{\cos x}$ 确定的隐函数，则 $dy\Big|_{x=\frac{\pi}{2}} =$

   A. $-\ln 2$ B. $\dfrac{\pi}{2}$ C. $-dx$
   D. $\ln 2 dx$ E. dx

8. 设函数 $f(x)$ 存在二阶连续导数,且满足 $xf''(x)+3x[f'(x)]^2=\ln(1+x)$,若 x_0 ($x_0>-1$ 且 $x_0\neq 0$) 为驻点,则

   A. $f(x_0)$ 为极小值,但 $(x_0,f(x_0))$ 非曲线 $y=f(x)$ 的拐点

   B. $f(x_0)$ 为极大值,但 $(x_0,f(x_0))$ 非曲线 $y=f(x)$ 的拐点

   C. $f(x_0)$ 为极小值,且 $(x_0,f(x_0))$ 为曲线 $y=f(x)$ 的拐点

   D. $f(x_0)$ 为极大值,且 $(x_0,f(x_0))$ 为曲线 $y=f(x)$ 的拐点

   E. $(x_0,f(x_0))$ 非曲线 $y=f(x)$ 的拐点,且 $f(x_0)$ 也非极值

9. 设 $f(x)$ 为连续函数,且 $f'(0)>0$,则存在 $\delta>0$,使得

   A. $f(x)$ 在 $(0,\delta)$ 内单调增加

   B. $f(x)$ 在 $(-\delta,0)$ 内单调减少

   C. $f(x)$ 在 $(0,\delta)$ 内总有 $f(x)>f(0)$

   D. $f(x)$ 在 $(-\delta,0)$ 内总有 $f(x)>f(0)$

   E. 以上结论均不成立

10. 已知函数 $f(x)$ 在 $(-\infty,+\infty)$ 内连续,其导函数 $f'(x)$ 的图形如图所示,则

    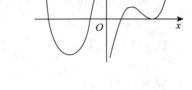

    A. $f(x)$ 有 4 个极值点,曲线 $y=f(x)$ 有 4 个拐点

    B. $f(x)$ 有 4 个极值点,曲线 $y=f(x)$ 有 3 个拐点

    C. $f(x)$ 有 2 个极值点,曲线 $y=f(x)$ 有 2 个拐点

    D. $f(x)$ 有 1 个极值点,曲线 $y=f(x)$ 有 1 个拐点

    E. $f(x)$ 没有极值点,曲线 $y=f(x)$ 也没有拐点

11. 设函数 $f(x)$ 在 $[a,b]$ 上连续,记 $M=\lim\limits_{h\to 0}\dfrac{1}{h}\int_a^x[f(t+h)-f(t)]dt$, $N=f(x)-f(a)$,则

    A. $M>N$ B. $M<N$ C. $M=N$

    D. $M=-N$ E. M 与 N 的大小关系不能确定

12. 不定积分 $\displaystyle\int\dfrac{dx}{1-\sin x}=$

    A. $\tan x-\dfrac{1}{\cos x}+C$ B. $\tan x+\dfrac{1}{\cos x}+C$

    C. $-\cot x+\dfrac{1}{\cos x}+C$ D. $-\cot x-\dfrac{1}{\cos x}+C$

    E. $\cot x+\dfrac{1}{\sin x}+C$

13. 若 $\displaystyle\int_0^{\frac{\pi}{2}}\dfrac{1}{1+(\tan x)^\lambda}dx=\dfrac{\pi}{4}$,则 λ

    A. 必须为 0   B. 必须为 1   C. 必须为 2

    D. 必须为正整数   E. 可以为任意实数

14. 如图所示,曲线 C 的方程为 $y=f(x)$,直线 L_1,L_2 分别是曲线 C 在点 $(0,2),(4,4)$ 处的切线,两直线交点为 $(2,0)$,设函数 $f(x)$ 存在二阶连续导数,则 $\displaystyle\int_0^4(2x-1)f''(x)dx=$

    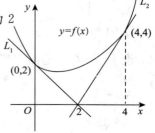

A. 1 B. 3 C. 5
D. 7 E. 9

15. 设函数 $F(x)=\int_{0.1}^{x}\frac{\ln^2|t|}{1+t^2}dt+\int_{0.1}^{\frac{1}{x}}\frac{\ln^2|t|}{1+t^2}dt$，则 $F(x)$ 在其定义域内

   A. 恒为正常数　　B. 恒为负常数　　C. 恒为零
   D. 为阶梯形分段函数　　E. 为非阶梯形分段函数

16. 设 $p>0$，则极限 $\lim\limits_{n\to\infty}\int_{n}^{n+p}x\sin\frac{1}{2x}dx=$

   A. 0 B. $\frac{p}{3}$ C. $\frac{p}{2}$
   D. p E. 不存在

17. 设 $g(x)$ 为连续函数，且 $g(1)=5$，$f(x)=\frac{1}{2}\int_{0}^{x}(x-t)g(t)dt$，则 $f''(1)=$

   A. $\frac{1}{2}$ B. 1 C. $\frac{3}{2}$
   D. $\frac{5}{2}$ E. 3

18. 设 $z=\sqrt{xy}$，则在点 $(0,0)$ 处

   A. $\frac{\partial z}{\partial x}$ 与 $\frac{\partial z}{\partial y}$ 都不存在
   B. $\frac{\partial z}{\partial x}$ 存在，$\frac{\partial z}{\partial y}$ 不存在
   C. $\frac{\partial z}{\partial x}$ 不存在，$\frac{\partial z}{\partial y}$ 存在
   D. $\frac{\partial z}{\partial x}$ 与 $\frac{\partial z}{\partial y}$ 都存在，且都为零
   E. $\frac{\partial z}{\partial x}$ 与 $\frac{\partial z}{\partial y}$ 都存在，且都不为零

19. 设 $g(u,v)=f(u-v,u^3-1,2v-2)$，g,f 可微，且 $f'_1(0,0,0)=2$，$f'_2(0,0,0)=f'_3(0,0,0)=3$，则

   A. $g'_u(1,1)=11,g'_v(1,1)=2$
   B. $g'_u(1,1)=11,g'_v(1,1)=4$
   C. $g'_u(1,1)=10,g'_v(1,1)=4$
   D. $g'_u(1,1)=9,g'_v(1,1)=8$
   E. $g'_u(1,1)=8,g'_v(1,1)=8$

20. 设函数 $f(x,y)=xy(a-x-y)(a>0)$，则 $f(x,y)$

   A. 有极大值 $f\left(\frac{a}{3},\frac{a}{3}\right)$
   B. 有极大值 $f(0,a)$
   C. 有极小值 $f\left(\frac{a}{3},\frac{a}{3}\right)$
   D. 有极小值 $f(0,a)$
   E. 有极大值 $f(0,0)$

21. 已知函数 $f(x,y)$ 在点 $(0,0)$ 处连续，且 $\lim\limits_{\substack{x\to 0\\y\to 0}}\frac{f(x,y)-f(0,0)}{\sqrt{x^2+y^2}}=2$，则

   A. $f'_x(0,0)=0,f'_y(0,0)=0$
   B. $f(0,0)$ 为 $f(x,y)$ 的一个极大值
   C. $f(0,0)$ 为 $f(x,y)$ 的一个极小值
   D. $f(0,0)$ 不为 $f(x,y)$ 的极值
   E. 依条件不能判定 $f(0,0)$ 是否为 $f(x,y)$ 的极值

22. 下列行列式中,结果为 4! 的是

A. $\begin{vmatrix} 0 & 1 & 0 & 0 \\ 2 & 5 & 0 & 0 \\ 0 & 0 & 3 & 6 \\ 7 & 8 & 0 & 4 \end{vmatrix}$
B. $\begin{vmatrix} 0 & 1 & 5 & 1 \\ 2 & 5 & 2 & 0 \\ 3 & 0 & 0 & 0 \\ 7 & 4 & 0 & 0 \end{vmatrix}$
C. $\begin{vmatrix} 0 & 1 & 5 & 1 \\ 2 & 5 & 2 & 0 \\ 0 & 3 & 0 & 0 \\ 0 & 0 & 4 & 0 \end{vmatrix}$

D. $\begin{vmatrix} 0 & 1 & 0 & 1 \\ 2 & 5 & 2 & 2 \\ 3 & 3 & 0 & 0 \\ 4 & 0 & 0 & 0 \end{vmatrix}$
E. $\begin{vmatrix} 0 & 1 & 4 & 1 \\ 2 & 5 & 0 & 1 \\ 0 & 2 & 0 & 0 \\ 3 & 4 & 0 & 0 \end{vmatrix}$

23. 设 A 为 3 阶矩阵,$|A|=3$,若交换 A 的第 2 列与第 3 列得到矩阵 B,B^* 为 B 的伴随矩阵,则 $|B^*A^T| = $

A. -27 B. -9 C. 3
D. 9 E. 27

24. 设 $A = \begin{pmatrix} 2 & -1 \\ -1 & 3 \end{pmatrix}$,$B = \begin{pmatrix} -3 & 2 \\ 2 & 1 \end{pmatrix}$,则 $(E + A^{-1}B^T)^T(E - BA^{-1})^{-1} = $

A. $\begin{pmatrix} 1 & 2 \\ 14 & 23 \end{pmatrix}$
B. $\begin{pmatrix} 1 & 2 \\ -14 & 18 \end{pmatrix}$
C. $\begin{pmatrix} 1 & -2 \\ 7 & 9 \end{pmatrix}$

D. $\begin{pmatrix} 1 & 2 \\ -7 & 9 \end{pmatrix}$
E. $\begin{pmatrix} 1 & -2 \\ 16 & 8 \end{pmatrix}$

25. 设矩阵 $A = \begin{pmatrix} 1 & -1 \\ 2 & 3 \end{pmatrix}$,$B = A^2 - 3A + 2E$,则 $B^{-1} = $

A. $\begin{pmatrix} -1 & -1 \\ 0 & \frac{1}{2} \end{pmatrix}$
B. $\begin{pmatrix} \frac{1}{2} & 0 \\ -1 & -1 \end{pmatrix}$
C. $\begin{pmatrix} 0 & \frac{1}{2} \\ -1 & -1 \end{pmatrix}$

D. $\begin{pmatrix} 0 & -\frac{1}{2} \\ -1 & 1 \end{pmatrix}$
E. $\begin{pmatrix} 0 & 2 \\ -1 & -1 \end{pmatrix}$

26. 设向量组 $\alpha_1, \alpha_2, \alpha_3, \alpha_4$ 线性无关,且 $\beta_1 = \alpha_1 + \alpha_2 + \alpha_3 + \alpha_4$,$\beta_2 = \alpha_1 - \alpha_2 + \alpha_3 - \alpha_4$,$\beta_3 = \alpha_1 + 2\alpha_2 + 4\alpha_3 + 8\alpha_4$,$\beta_4 = \alpha_1 - k\alpha_2 + k^2\alpha_3 - k^3\alpha_4$,若向量组 $\beta_1, \beta_2, \beta_3, \beta_4$ 也线性无关,则

A. $k \neq -1$ B. $k \neq 1$ C. $k \neq 2$
D. $k \neq \pm 1$ 或 $k \neq 2$ E. $k \neq \pm 1$ 且 $k \neq -2$

27. 设矩阵 $A = \begin{pmatrix} 1 & 1 & 1 & t \\ 1 & 1 & t & 1 \\ 1 & t & 1 & 1 \\ t & 1 & 1 & 1 \end{pmatrix}$,若存在 4 阶非零矩阵 B,使得 $AB = O$,则

A. $r(B) = 1$ B. $r(B) = 2$ C. $r(B) = 3$
D. $1 \leq r(B) \leq 3$ E. $r(B) \leq 2$

28. 设向量组 $\alpha_1 = (1, -1, 2, 3)^T$,$\alpha_2 = (0, 3, 1, 2)^T$,$\alpha_3 = (2, 1, 5, 0)^T$,$\alpha_4 = (1, 2, 2, -3)^T$,则此向量组的极大线性无关组为

A. $\alpha_1, \alpha_2, \alpha_3, \alpha_4$ B. $\alpha_1, \alpha_2, \alpha_3$ C. $\alpha_2, \alpha_3, \alpha_4$
D. $\alpha_1, \alpha_3, \alpha_4$ E. α_1, α_3

29. 设有 n 个人同时向同一目标独立射击一次，每人命中目标的概率均为 $p(0<p<1)$，若要求击中目标的概率不低于 90%，则参加射击的人数应满足条件

   A. $n \geq \dfrac{\ln 0.1}{\ln p}$ B. $n \geq \dfrac{\ln 0.1}{\ln(1-p)}$ C. $n \geq \dfrac{\ln 0.2}{\ln(1-p)}$

   D. $n \geq \dfrac{2\ln 0.1}{\ln(1-p)}$ E. $n \geq \dfrac{\ln 0.1}{2\ln(1-p)}$

30. 设随机变量 X 服从正态分布 $N(\mu,\sigma^2)(\sigma>0)$，则概率 $P\{X \geq \mu-\sigma\}$

   A. 随着 μ 的增大而增大 B. 随着 μ 的增大而减小

   C. 随着 σ 的增大而增大 D. 随着 σ 的增大减小

   E. 恒为常数

31. 设离散型随机变量 X 和 Y 相互独立同分布，且 $X \sim \begin{pmatrix} -1 & 1 & 3 \\ 0.2 & 0.3 & 0.5 \end{pmatrix}$，则 $P\{X=Y\}=$

   A. 1 B. 0.5 C. 0.38

   D. 0.33 E. 0

32. 设离散型随机变量 X 的分布律如下表所示：

X	-2	-1	0	1	2
P	a	$3a$	$\dfrac{2}{9}$	a	$2a$

   则条件概率 $P\{-2<X\leq 0 \mid X<1\}=$

   A. $\dfrac{6}{7}$ B. $\dfrac{5}{6}$ C. $\dfrac{4}{5}$

   D. $\dfrac{3}{4}$ E. $\dfrac{2}{3}$

33. 设随机变量 X 的概率密度为

$$f(x)=\begin{cases} \dfrac{1}{2}\cos x, & -\dfrac{\pi}{2}<x<\dfrac{\pi}{2}, \\ 0, & \text{其他}, \end{cases}$$

   则 $EX=$

   A. 0 B. $\dfrac{\pi}{2}-1$ C. 1

   D. $\dfrac{\pi}{2}$ E. $\dfrac{\pi}{2}+1$

34. 设有一大批产品，次品率为 0.05. 若从中任取 100 只装箱，若记该箱产品中含正品数为 X，则 $EX=$

   A. 85 B. 88 C. 90

   D. 93 E. 95

35. 已知随机变量 X_1,X_2,X_3,X_4 相互独立，且 $X_1 \sim N(2,3^2)$，$X_2 \sim P(1)$，X_3 服从参数为 2 的指数分布，$X_4 \sim B\left(6,\dfrac{1}{2}\right)$，$Z=X_1+X_2-2X_3+2X_4$，则 $EZ^2=$

   A. 75 B. 76 C. 78

   D. 81 E. 85

二、逻辑推理：第36～55小题，每小题2分，共40分。下列每题给出的五个选项中，只有一个选项是最符合试题要求的。

36. 甲班学生都通过了体检。没有通过体检的学生中有特长生。
    如果上述两命题为真，那么以下哪个命题能确定真假？
    (1) 所有的特长生都在甲班。
    (2) 有些特长生不是甲班学生。
    (3) 有些特长生通过了体检。
    A. 仅（1）。　　　　B. 仅（2）。　　　　C. 仅（3）。
    D. 仅（1）和（2）。　E. （1）、（2）和（3）。

37. 博雅公司的总裁发现，除非从内部对公司进行改革，否则公司将面临困境。而要对公司进行改革，就必须裁减公司富余的员工。而要裁减员工，国家必须有相应的失业保险制度。所幸的是博雅公司所在的国家，其失业保险制度是健全的。
    从上面的论述可以确定以下哪项一定为真？
    Ⅰ．博雅公司裁减了员工。
    Ⅱ．博雅公司进行了改革。
    Ⅲ．博雅公司摆脱了困境。
    A. 只有Ⅰ。　　　　　B. 只有Ⅱ和Ⅲ。　　　C. 只有Ⅰ和Ⅱ。
    D. Ⅰ、Ⅱ和Ⅲ。　　　E. Ⅰ、Ⅱ和Ⅲ都不一定为真。

38. 学校组织教师旅游，4个老教师老赵、老钱、老孙、老李和4个年轻教师小赵、小钱、小孙、小李一起参加。在旅馆里，他们8人住4个房间，满足以下条件：
    (1) 每个房间住一老一少；
    (2) 同姓人不住同一个房间；
    (3) 如果老孙不和小李住一个房间，则老钱也不和小孙住一个房间；
    (4) 老李不和小赵住一个房间。
    以下哪种安排是不符合条件的？
    A. 老钱和小孙住一个房间。　　　　B. 老赵和小钱住一个房间。
    C. 老孙和小李住一个房间。　　　　D. 老孙和小钱住一个房间。
    E. 老赵不和小李住一个房间。

39. 对世界文化的看法存在欧洲中心论的偏见。在文化轴心时期，每一个文化区都有它的中坚思想，每一种中坚思想对世界文化都有它的贡献。中国的中坚思想是儒、道、墨兼而有之，以儒、道、墨为代表的诸子思想对世界文化做出了贡献。
    以下哪项陈述是上述论证所依赖的假设？
    A. 印度是文化轴心时期的文化区之一。
    B. 希腊是文化轴心时期的文化区之一。
    C. 中国是文化轴心时期的文化区之一。
    D. 埃及是文化轴心时期的文化区之一。
    E. 亚洲是文化轴心时期的文化区之一。

40. 保护野生动物种群的法律不应该强制应用于以捕获野生动物为生却不会威胁到野生动物物种延续的捕猎行为。
    如果以下陈述为真，那么哪一项最有力地证明了上述原则的正当性？

A. 对任何以营利为目的而捕获野生动物的行为，都应该强制执行野生动物保护法。
B. 尽管眼镜蛇受到法律保护，但由于人的生命安全受到威胁而杀死眼镜蛇的行为不会受到法律的制裁。
C. 人类过去捕杀山羊，但后来掌握了畜牧技术，就很少在野外捕杀山羊了。
D. 人类猎杀大象有几千年了，但并未使大象种群灭绝，因而强制执行保护野生象的法律是没有必要的。
E. 极地最北端的因纽特人以弓头鲸为食物，每年捕获弓头鲸的数量远远低于弓头鲸新成活的数量，法律不应强制应用于这种行为。

41. 计算机科学家已经发现被称为"阿里巴巴"和"四十大盗"的两种计算机病毒。这些病毒常常会侵入计算机系统文件中，阻碍计算机文件的正常储存。幸运的是，目前还没有证据证明这两种病毒能够完全删除计算机文件，所以，发现有这两种病毒的计算机用户不必担心自己的文件被清除掉。

以上论证是错误的，因为它：
A. 用仅仅是对结论加以重述的证据来支持它的结论。
B. 没有考虑这一事实：没有被证明的因果关系，人们也可以假定这种关系的存在。
C. 没有考虑这种可能性：即使尚未证明因果关系存在，这种关系也可能是存在的。
D. 并没有说明计算机病毒删除文件的技术机制。
E. 没有考虑这种情况：具有相关联系未必就是因果相关。

42. 桌子上的蛋糕被某个人吃了，以下是屋内四个人的回答。
甲说："是乙吃的。"
乙说："是丁吃的。"
丙说："我没有吃。"
丁说："乙在撒谎。"
这四人中只有一人说了真话，由此可以判断：
A. 甲说了真话，是乙吃的。　　　　B. 乙说了真话，是丁吃的。
C. 丙说了真话，是甲吃的。　　　　D. 丁说了真话，是丙吃的。
E. 丁说了真话，是乙吃的。

43. 该不该让小孩玩电脑游戏？这个问题让很多家长困扰，因为有太多的报告指责游戏正摧毁着下一代，不过一项新的研究显示，玩游戏有益于提升小孩的阅读能力，甚至可以帮助他们克服阅读障碍。

以下哪项如果为真，最不能支持上述结论？
A. 研究发现，如果让孩子们玩体感游戏，即依靠肢体动作变化来操作的游戏，累计超过12小时，孩子的阅读速度及认字准确率会显著提升。
B. 长期玩游戏的儿童阅读游戏规则更容易，还会对游戏中出现的画面变得敏感，但对周围的事物表现冷漠。
C. 相比玩单机版游戏的儿童，玩网络互动游戏的儿童会更加注重相互交流，因此他们的阅读能力提高得更快。
D. 利用虚拟现实技术开发的游戏，对孩子的阅读能力毫无帮助。

E. 儿童阅读障碍主要与神经发育迟缓或出现障碍有关，游戏只能暂时提高阅读速度，却无法克服阅读障碍。

44. 一项历时15年涉及近万人的跟踪调查显示，吸食大麻的人得精神分裂症的可能性是不吸食大麻的人的6倍。但是，调查的实施者却提出了令人意外的见解：调查结果显示的吸食大麻和精神分裂症的数据联系，并不一定意味着吸食大麻会引起精神分裂症。相反，进一步研究可能会发现，吸食大麻是由精神分裂症引起的。

以下哪项在陈述方式与结构上，与题干最为类似？

A. 专家向我解释，造成目前通俗音乐泛滥的原因，绝不是社会上有一个庞大的"追星族"，恰恰相反，正是因为这种庸俗音乐泛滥，造就了"追星族"。

B. 医生向我解释，虽然用脑过度通常会引起失眠，但造成我的失眠顽症的原因可能不是用脑过度，而是家族遗传。

C. 装修商跟我解释，造成我们居室地板过快老化的原因，可能不是地板板材质量有问题，因为用同样的板材装修的其他居室的地板，并没有出现类似的问题。

D. 老师向我解释，尽管统计数据显示，学生上网总体上有利于学业，但造成我孩子近期学习成绩下降的原因，可能是过多地迷恋上网，而不是课外作业负担过重。

E. 教练向我解释，造成我脚跟疼痛的原因，可能不是运动鞋一侧的过度磨损。相反，由于疼痛，我可能下意识地把重心移到脚外侧，造成了鞋子的磨损。

45. 大学作为教育事业单位，属于经济行业，其产出难以用货币指数、实物指标测定，故大学排名不像企业排名那样容易。大学排名还必须以成熟的市场经济体制、稳定的制度为前提，必须有公认的公证排名机构等。在我国，大学排名的前提条件远不具备，公认的大学排名机构还未产生。因此，我国目前不宜进行大学排名。

以下哪项不能构成对上述论证的反驳？

A. 大学排名对学校声誉、考生报考有很大影响。

B. 大学排名与成熟的市场经济制度之间没有那么紧密的关系。

C. 企业排名也不容易，并且也不尽准确，仅有参考价值。

D. 公认的排名机构只能从排名实践中产生。

E. 外国的高质量排名机构的做法可以给国内的大学排名提供一些借鉴。

46. 与早前的预测相反，最近几年对甘蔗的需求并没有增加。然而在过去的三年里，尽管价格和产量已经稳定，但去年甘蔗种植利润增加了10%。

如果关于去年的情况是真的，则下列选项都有助于解释利润的上升，除了：

A. 许多拥有甘蔗消费者的国家增产了含蔗糖的乙醇，他们的整体甘蔗消费量是下降的。

B. 甘蔗种植者通过从按每小时支付工人工资的方式转变为按他们收获的产量来支付，从而在工资发放上节约了资金。

C. 石油是甘蔗种植者在收割庄稼时所使用的主要能源，其价格下降已经超过了20%。

D. 许多小型甘蔗种植者联合在一起形成了一个甘蔗生产者协会，且开始以低利率购买物资。

E. 甘蔗生产地区的降雨量高于前一年，这使得种植者节省了昂贵的人工灌溉费用。

47. 污水处理要消耗大量电力。美国某大学的研究人员最近开发出一项新的微生物电池技术，使污水产出电力的效率比原来提高了10～50倍。运用这项技术，污水处理厂不仅可以实现电力自给，还可将多余的电力出售。可以期待，一旦这项技术投入商业运作，企业对污水处理的态度会变得更加积极主动，从而减轻污水排放引发的环境污染。

    对以下哪个问题的回答与上述判断的评估最具相关性？

    A. 采用这种方式进行污水处理的技术转让费用和设备成本会不会很高？
    B. 这种技术能否有效地处理化工厂污水中的重金属？
    C. 这种污水处理方式会不会因释放甲烷而造成空气污染？
    D. 环保部门是否会加大对企业排污情况的监管？
    E. 这种技术会不会加大行业内耗，影响行业发展。

48. 对微生物进行科学研究，需要有超出常规的研究思路与工具。说到工具，很多人肯定会首先想到显微镜。但显微镜只适合观察，如果要进行生化分析的话，琼脂的作用更加重要。如果你去过微生物实验室，你会发现大家最常用的实验工具就是培养皿，里面铺着一层富含营养的琼脂。每一个细菌都能在琼脂表面单独长成一个肉眼可见的菌群。每个菌群里含有成千上万个完全一样的细菌，这在生物学术语里叫作克隆。因为琼脂是半固态的，细菌的位置被固定住了，无法在菌群之间自由往来，这就等于将一个细菌克隆并扩增到足够大的量，却没有遭受其他细菌的污染。只有这样，科学家们才能对其进行生化分析。

    以下哪项最为准确地概括了上述论证的主旨？

    A. 在微生物研究中显微镜的作用是有限的。
    B. 琼脂在生化分析中发挥着重要作用。
    C. 克隆技术使生化分析更具操作性。
    D. 在实验室里科学家是如何进行生化分析的。
    E. 生化分析需要免遭其他细菌的污染。

49. 巨额财产来源不明罪在客观上有利于保护贪污受贿者。一旦巨额财产被贴上"来源不明"的标签，其来源就不必一一查明，这对于那些贪污受贿者是多大的宽容啊！并且，该罪名给予司法人员过大的"自由裁量权"和"勾兑空间"。因此，应将巨额财产来源不明以贪污受贿罪论处。

    以下哪项陈述不支持上述论证？

    A. 贪官知道，一旦其贪污受贿的财产被认定为"来源不明"，就可以减轻对他的惩罚。
    B. 中国现有侦查手段落后，坦白者有可能招致比死不认账者更严重的处罚。
    C. 试问有谁不知道自己家里的财产是从哪里来的？巨额财产来源不明罪有利于"从轻从快"地打击贪官，但不利于社会正义。
    D. "无罪推定""沉默权"等都是现代法治的基本观念，如果没有证明被告人有罪，他就应该被认定为无罪。
    E. 新加坡、文莱、印度的法律都规定，公务员财产来源不明应以贪污受贿罪论处。

50. 人类会由于感染了的蜱虫得莱姆病。而蜱虫感染是由于其宿主动物得了莱姆病，但从宿主动物传播到蜱虫的方式各不相同。随宿主动物传播莱姆病给蜱虫的极其罕见，但白足鼠是一个例外，它容易传播莱姆病给蜱虫，且白足鼠的数量大大增加，成为蜱虫的主要宿主，这使得地区生物多样性在下降。

题干中的信息最强烈地支持了以下哪项？

A. 许多人被感染了莱姆病的地区，蜱虫感染莱姆病的比例特别高。

B. 生活在没有白足鼠地区的人，很少会感染莱姆病。

C. 在生物多样性高的地区，人类感染莱姆病的风险会降低。

D. 只有当蜱虫捕食不到其他宿主动物时，它们才会吃白足鼠。

E. 生物多样性越大的地区，宿主动物越有可能在这个领域通过蜱虫感染莱姆病。

51. 甲、乙、丙、丁四辆车要经过 A、B、C、D 四个路段，每辆车只经过其中一个路段且每个路段都有车经过。已知 A 路段星期三禁行；B 路段星期一禁行；C 路段星期一与星期四禁行；D 路段只在星期二、星期四和星期六通行；星期天四个路段都禁行。某天，甲、乙、丙、丁四辆车的司机进行交谈，甲车司机说："我所经过的路段前天禁行。"乙车司机说："我所经过的路段明天禁行。"丙车司机说："我所经过的路段今天禁行，明天就不禁行了。"丁车司机说："从今天起，我所经过的路段四天都不禁行。"

那么甲车所经过的路段是哪条？

A. A 路段。　　　　　B. B 路段。　　　　　C. C 路段。

D. D 路段。　　　　　E. 无法确定

52. 胡晶："谁也搞不清楚新冠病毒究竟是怎样传入中国的，但它对我国人口稠密地区经济发展的负面影响是巨大的。如果这种疫病在未来继续传播蔓延，那么，国民经济的巨大损失将是不可挽回的。"

吴艳："所以啊，要想挽回这种损失，只需要阻止疫病的传播就可以了。"

以下哪项陈述与胡晶的断言一致而与吴艳的断言不一致？

A. 疫病的传播被阻断而国民经济遭受了不可挽回的损失。

B. 疫病继续传播蔓延而国民经济遭受了不可挽回的损失。

C. 疫病的传播被阻断而国民经济没有遭受不可挽回的损失。

D. 疫病的传播被控制在一定范围内而国民经济没有遭受不可挽回的损失。

E. 如果遭受不可挽回的经济损失，就没有成功阻止疫病的传播。

53. 在大学里，许多温和宽厚的教师是好教师，但有些严肃且不讲情面的教师也是好教师，而所有好教师都有一个共同点：他们都是学识渊博的人。

如果以上陈述为真，则以下哪项陈述一定为真？

A. 许多学识渊博的教师是温和宽厚的。

B. 有些学识渊博的教师是严肃且不讲情面的。

C. 所有学识渊博的教师都是好教师。

D. 有些学识渊博的教师不是好教师。

E. 有些学识渊博的教师不是温和宽厚的。

54. 文明人与野蛮人或其他动物的重要区别在于能通过深谋远虑来抑制本能的冲动。唯有当一个人去做某一件事并不是受本能冲动的驱使，而是因为他的理智告诉他，到

了未来某个时期他会因此而受益，这时才出现了真正的深谋远虑。耕种土地就是一种深谋远虑的行动，人们为了能在冬天吃粮食而在春天工作。

以下哪项陈述是上述论证所依赖的假设？

A. 能否通过深谋远虑来抑制本能的冲动，这是文明人与野蛮人或其他动物的唯一区别。

B. 松鼠埋栗子、北极狐埋鸟蛋等行为纯属受本能驱动的行为。

C. 人对自己本能冲动的抑制力越强，对目前痛苦的忍受力就越大，因而其文明程度就越高。

D. 人不仅能通过自己的深谋远虑来抑制本能的冲动，还能通过外在的法律、习惯与宗教等抑制本能的冲动。

E. 野蛮人或动物，即使有预见和安排未来的能力，也往往抵挡不过生物本能的欲望。

55. 美国电动汽车 Tesla 使用的电池是由近 7 000 块松下 18650 型电池通过串联、并联结合在一起的大电池包。Tesla 电池动力系统的安全性一直受到汽车界的质疑。一位电池专家说，18650 型电池在美国的起火概率是百万分之 0.2，那么，7 000 块小电池组成的电池包的起火概率就是百分之 0.14，以 Tesla 目前的销量看，这将导致它几乎每个月就会发生一次电池起火事故。

如果以下陈述为真，则哪一项最有力地削弱了专家的判断？

A. 18650 型电池具有能量密度大、稳定、一致性好的特点。

B. 全球每年生产数十亿块 18650 型电池，其安全性级别在不断提高。

C. Tesla 有非常先进的电池管理系统，会自动断开工作异常的电池单元的输出。

D. 18650 型电池可循环充电次数太多，因此大大延长了电池的使用寿命。

E. Tesla 实验室是全球顶尖的实验室，其成果多次获奖。

三、写作：第 56～57 小题，每小题 20 分，共 40 分。

56. 论证有效性分析：分析下述论证中存在的缺陷和漏洞，选择若干要点，写一篇 600 字左右的文章，对该论证的有效性进行分析和评论。（论证有效性分析的一般要点是：概念特别是核心概念的界定和使用是否准确并前后一致，有无各种明显的逻辑错误，论证的论据是否支持结论，论据成立的条件是否充分等。）

近年来，茅台的负面新闻频频见诸报端。一些媒体为什么热衷于"围剿"茅台？因为它们利用了公众心理基础，简言归纳：一是公众普遍存在的仇富、仇腐心理需要寻找宣泄口，茅台的特殊社会地位和高端商品价值使其成为公众喜欢攻击的靶子；二是传统的"枪打出头鸟"和"酸葡萄"心态。

有理有据、负责任的批评是媒体的职责和义务，也是茅台这样负责任的企业所乐于看到和接受的。但若利用掌控媒体话语权的便利，用一种不够阳光和不负责任的心态引导舆论，博得点击率和关注度，以获得经济利益及扭曲的心理快感就显得有悖职业道德了。在某一特定的舆论场里，当谴责茅台成为一种时髦，有过错的就已经不是茅台了。

国人理当客观地看到，就更宽泛的意义上说，今天的茅台早已不是一家企业、一个区域的茅台，茅台是中国的茅台，并正在成为世界的茅台。而在此背景下，三天两头杜撰茅台的"负面新闻",拿茅台寻开心,甚至必置之死地而后快,实在是一种悲哀。

民族品牌崛起是中华民族复兴的应有之义,综观当今中国,在世界舞台上令人信服的品牌寥寥可数,茅台却是老外翘拇指公认的具有中国国家名片意义的中华品牌。因此,无论是普通民众还是同行业竞争对手,如果换一种心态看待茅台,把目光投向国门以外,摒弃那些有失公允的偏见,齐心聚合"中国白酒"的力量,在茅台的先导下抱团与洋品牌一争高下,最终获胜的绝不仅是茅台,而是所有构成骄傲的"中国白酒"群体形象的每一家企业。

57. 论说文:根据下述材料,以"如何让品牌有更高的价值"为题写一篇论说文,600字左右。要求观点明确,论据充足,论证严密,结构合理。

中国企业已经走上国际舞台,形成了巨大的规模和产能,但是具有较高品牌价值的企业数量还比较少,在跨国企业发展越来越强调品牌价值的今天,中国企业要如何实现形象升级、在竞争中占据优势成为很紧迫的任务。

经济类联考综合能力预测试题（三）

一、数学基础：第 1~35 小题，每小题 2 分，共 70 分。下列每题给出的五个选项中，只有一个选项是最符合试题要求的。

1. 设极限 $\lim\limits_{x\to 0}\dfrac{\ln(1+\sin 6x)+xf(x)}{x^3}=0$，则 $\lim\limits_{x\to 0}f(x)=$
   A. -10　　　　B. -8　　　　C. -6
   D. -4　　　　E. -2

2. 极限 $\lim\limits_{x\to 0}(1-x)^{\frac{1}{x^3}}=$
   A. e　　　　B. e^{-1}　　　　C. 1
   D. 0　　　　E. 不存在

3. 设函数 $f(x)=\dfrac{x}{a+e^{bx}}$ 在 $(-\infty,+\infty)$ 内连续，且 $\lim\limits_{x\to -\infty}f(x)=0$，则常数 a,b 取值的条件是
   A. $a<0, b<0$　　　　B. $a<0, b>0$　　　　C. $a\ne 1, b=-1$
   D. $a\geqslant 0, b>0$　　　　E. $a\geqslant 0, b<0$

4. 设 $f(x),g(x)$ 均为 $(-\infty,+\infty)$ 内的连续函数，下列函数在 $(-\infty,+\infty)$ 内未必为连续函数的是
   A. $\ln(|f(x)|+|g(x)|)$　　　　B. $\sin[f(x)g(x)]$
   C. $f[g(x)]$　　　　D. $\max\{f(x),g(x)\}$
   E. $\min\{f(x),g(x)\}$

5. 曲线 $f(x)=\dfrac{xe^x}{e^x-1}+1$ 的渐近线有
   A. 0 条　　　　B. 1 条　　　　C. 2 条
   D. 3 条　　　　E. 4 条

6. 设 $f'(0)$ 存在，且 $\lim\limits_{x\to 0}\dfrac{2}{x}\left[f\left(\dfrac{x}{2}\right)-f\left(\dfrac{x}{3}\right)\right]=a$，则 $f'(0)=$
   A. $\dfrac{a}{3}$　　　　B. $\dfrac{a}{2}$　　　　C. a
   D. $2a$　　　　E. $3a$

7. 设方程 $\int_1^{\sin x}\dfrac{\arcsin t}{t}dt+\int_1^y\left|\dfrac{\sin t}{1+t^2}\right|dt=\left(\dfrac{\pi}{2}-x\right)y$ 确定隐函数 $y=f(x)$，则 $dy\Big|_{x=\frac{\pi}{2}}=$
   A. $\dfrac{2}{\cos 1}dx$　　　　B. $\dfrac{1}{\cos 1}dx$　　　　C. $\dfrac{1}{\sin 1}dx$
   D. $-\dfrac{2}{\sin 1}dx$　　　　E. $-\dfrac{1}{\sin 1}dx$

8. 设函数 $f(x)$ 在 $(-\infty,+\infty)$ 内连续，分别在 $(-\infty,0)$ 和 $(0,+\infty)$ 内可导，且其导函数在 $(-\infty,0)$ 单调减少，在 $(0,+\infty)$ 单调增加，则

A. $(0,f(0))$ 一定不是曲线 $y=f(x)$ 的拐点

B. $(0,f(0))$ 一定是曲线 $y=f(x)$ 的拐点

C. $f(x)$ 在点 $x=0$ 处取极大值

D. $f(x)$ 在点 $x=0$ 处取极小值

E. $x=0$ 一定不是 $f(x)$ 的极值点

9. 设函数 $f(x)$ 在 $(-\infty,+\infty)$ 内存在二阶导数，且 $f''(x)>0, f'(a)=0$，则

A. 当 $x\neq a$ 时，总有 $f(x)<f(a)$

B. 当 $x\neq a$ 时，总有 $f(x)>f(a)$

C. 当 $x>a$ 时，总有 $f(x)<f(a)$，当 $x<a$ 时，总有 $f(x)>f(a)$

D. 当 $x>a$ 时，总有 $f(x)>f(a)$，当 $x<a$ 时，总有 $f(x)<f(a)$

E. $f(x)$ 在 $(-\infty,+\infty)$ 内与 $f(a)$ 没有确定的大小关系

10. 曲线 $y=(x-1)^2(x+3)^3$ 拐点个数为

A. 0 个   B. 1 个   C. 2 个

D. 3 个   E. 4 个

11. 设 $\int f'(\sin x)dx = \sin^3 x\cos x + C_0$，则 $f(x)=$

A. $\dfrac{1}{3}x^2 - 5x^5 + C$ B. $x^3 - x^5 + C$ C. $x^3 - \dfrac{4}{5}x^5 + C$

D. $x^3 + \dfrac{4}{5}x^5 + C$ E. $3x^3 - \dfrac{1}{5}x^5 + C$

12. 不定积分 $\int \dfrac{\cos^3 x}{\sqrt{\sin x}}dx =$

A. $2\sqrt{\cos x} - \dfrac{2}{5}\cos^2 x\sqrt{\cos x} + C$ B. $2\sqrt{\cos x} - \dfrac{2}{3}\cos^2 x\sqrt{\cos x} + C$

C. $\sqrt{\sin x} + \dfrac{2}{3}\sin^2 x\sqrt{\sin x} + C$ D. $2\sqrt{\sin x} - \dfrac{2}{5}\sin^2 x\sqrt{\sin x} + C$

E. $\sqrt{\sin x} - \dfrac{2}{3}\sin^2 x\sqrt{\sin x} + C$

13. 定积分 $\int_{-\frac{1}{2}}^{\frac{1}{2}} \dfrac{(1-x)\arcsin x}{\sqrt{1-x^2}}dx =$

A. $\dfrac{\sqrt{3}\pi}{6}+1$ B. $\dfrac{\sqrt{3}\pi}{6}-1$ C. $\dfrac{\sqrt{3}\pi}{3}-1$

D. $\dfrac{\sqrt{3}\pi}{2}-1$ E. $\dfrac{\sqrt{3}\pi}{2}+1$

14. 定积分 $\int_{-\frac{1}{3}}^{\frac{1}{3}} \sqrt{2-3x}\,dx =$

A. $\dfrac{1}{3}\sqrt{3} - \dfrac{2}{9}$ B. $\dfrac{1}{3}\sqrt{3} - \dfrac{1}{9}$ C. $\dfrac{2}{3}\sqrt{3} - \dfrac{1}{9}$

D. $\dfrac{2}{3}\sqrt{3} - \dfrac{2}{9}$ E. $\dfrac{2}{3}\sqrt{3} - \dfrac{1}{3}$

15. $\dfrac{d}{dx}\left[\int_0^a (x-t)f'(t)dt\right] =$

A. $f(x) - f(a)$ B. $f(a) - f(0)$ C. $f(x) - f(0)$
D. $f'(a)$ E. $f'(0)$

16. 设 $f(x)$ 为二阶可导函数，满足 $f(1) = f(-1) = -1, f(0) = 1$，且 $f''(x) < 0$，则

    A. $\int_{-1}^{1} f(x)\mathrm{d}x > 0$ B. $\int_{-1}^{1} f(x)\mathrm{d}x < 0$

    C. $\int_{-1}^{0} f(x)\mathrm{d}x > \int_{0}^{1} f(x)\mathrm{d}x$ D. $\int_{-1}^{0} f(x)\mathrm{d}x < \int_{0}^{1} f(x)\mathrm{d}x$

    E. $\int_{-1}^{0} f(x)\mathrm{d}x = \int_{0}^{1} f(x)\mathrm{d}x$

17. 设函数 $f(x)$ 有连续导数，且 $f(0) = 0, f'(0) \neq 0, F(x) = \int_{0}^{x}(x^2 - t^2)f(t)\mathrm{d}t$，若当 $x \to 0$ 时，$F(x)$ 与 x^k 为同阶无穷小，则 $k =$

    A. 1 B. 2 C. 3
    D. 4 E. 5

18. 设 $f(x,y) = \begin{cases} \dfrac{x^3}{x^2+y^2}, & x^2+y^2 \neq 0 \\ 0, & x^2+y^2 = 0, \end{cases}$ 则在点 $(0,0)$ 处

    A. $f'_x(0,0)$ 与 $f'_y(0,0)$ 都不存在
    B. $f'_x(0,0)$ 存在，$f'_y(0,0)$ 不存在
    C. $f'_x(0,0)$ 不存在，$f'_y(0,0)$ 存在
    D. $f'_x(0,0), f'_y(0,0)$ 都存在，且 $f'_x(0,0) = 0, f'_y(0,0) = 1$
    E. $f'_x(0,0), f'_y(0,0)$ 都存在，且 $f'_x(0,0) = 1, f'_y(0,0) = 0$

19. 已知 $(axy^3 - y^2\cos x)\mathrm{d}x + (1 + by\sin x + 3x^2y^2)\mathrm{d}y$ 是某函数 $u(x,y)$ 的全微分，则 a, b 的取值依次为

    A. 2, 3 B. 2, 2 C. 2, -2
    D. -2, 3 E. -3, 3

20. 设函数 $f(x,y) = x^2 + y^2 - 2\ln|x| - 2\ln|y|$，则函数 $f(x,y)$
    A. 有 1 个极大值点 $(1,1)$ B. 有 1 个极大值点 $(1,-1)$
    C. 有 1 个极大值点 $(-1,1)$ D. 有 1 个极大值点 $(-1,-1)$
    E. 有 4 个极小值点 $(1,1), (1,-1), (-1,1), (-1,-1)$

21. 设函数 $f(x,y) = 3(2x - 3y) - x^2 + 3y^2 + y^3 + 4$，则
    A. $(3,1), (3,-3)$ 都不是极值点
    B. $(3,1), (3,-3)$ 都是极小值点
    C. $(3,1), (3,-3)$ 都是极大值点
    D. $(3,1)$ 不是极值点，$(3,-3)$ 是极小值点
    E. $(3,1)$ 不是极值点，$(3,-3)$ 是极大值点

22. 设函数 $f(x) = \begin{vmatrix} a_1 & a_2 & a_3 & a_4 - x \\ a_1 & a_2 & a_3 - x & a_4 \\ a_1 & a_2 - x & a_3 & a_4 \\ a_1 - x & a_2 & a_3 & a_4 \end{vmatrix}$，则方程 $f(x) = 0$ 的解为

    A. $x = a_1, x = 0$ B. $x = a_2, x = 0$ C. $x = a_3, x = 0$
    D. $x = a_4, x = 0$ E. $x = a_1 + a_2 + a_3 + a_4, x = 0$

23. 设 A 为 3 阶可逆矩阵，且 $|A|=-\dfrac{1}{2}$，则 $|(3A)^{-1}+2A^*|=$

   A. $-\dfrac{16}{27}$ B. $\dfrac{16}{27}$ C. $\dfrac{1}{3}$

   D. $-\dfrac{1}{3}$ E. $\dfrac{1}{3}$

24. 设 A 为 3 阶矩阵，将 A 的第 3 列加到第 2 列得矩阵 B，再交换 B 的第 1 行与第 2 行得单位矩阵，记

$$P_1=\begin{pmatrix}0&1&0\\1&0&0\\0&0&1\end{pmatrix},\ P_2=\begin{pmatrix}1&0&0\\0&1&0\\0&1&1\end{pmatrix},$$

则 $A=$

   A. $P_1 P_2$ B. $P_1^{-1} P_2$ C. $P_2 P_1$

   D. $P_2 P_1^{-1}$ E. $P_1 P_2^{-1}$

25. 设矩阵 $A=\begin{pmatrix}1&1\\3&2\end{pmatrix}$，$A^* BA=A^{-1}B+3E$，则 $B=$

   A. $\begin{pmatrix}-1&-1\\-3&0\end{pmatrix}$ B. $\begin{pmatrix}1&1\\3&0\end{pmatrix}$ C. $\begin{pmatrix}0&-1\\-3&-1\end{pmatrix}$

   D. $\begin{pmatrix}0&1\\3&1\end{pmatrix}$ E. $\begin{pmatrix}0&-3\\-1&-1\end{pmatrix}$

26. 设向量组 $\alpha_1=(1,2,3)^T$，$\alpha_2=(2,-1,a-2)^T$，$\alpha_3=(-2,a,1)^T$，$\beta=(1,4,5)^T$，则下列结论不正确的是

   A. $a=1$ 时，β 不能被 $\alpha_1,\alpha_2,\alpha_3$ 线性表示

   B. $a\ne 1$ 时，β 一定能被 $\alpha_1,\alpha_2,\alpha_3$ 线性表示

   C. $a=3$ 时，β 能被 $\alpha_1,\alpha_2,\alpha_3$ 表示，且表达式不唯一

   D. $a\ne 1$ 且 $a\ne 3$ 时，β 能被 $\alpha_1,\alpha_2,\alpha_3$ 表示，且表达式唯一

   E. $a\ne 1$ 或 $a\ne 3$ 时，β 能被 $\alpha_1,\alpha_2,\alpha_3$ 表示，且表达式唯一

27. 已知线性方程组 $\begin{cases}4x_1+3x_2-x_3=1,\\ 2x_1+4x_2-3x_3=-2,\\ ax_1+bx_2+cx_3=d\end{cases}$，有两个不相等的非零解，则该方程组的通解为

   A. $x_1=2+k,x_2=-1+k,x_3=k$ B. $x_1=1+k,x_2=-2+k,x_3=2k$

   C. $x_1=1-k,x_2=-1+2k,x_3=2k$ D. $x_1=1+k,x_2=-1+k,x_3=k$

   E. $x_1=-1+k,x_2=2+2k,x_3=2k$

28. 设线性方程组（Ⅰ）$\begin{cases}2x_1-x_2+x_3=0,\\ x_1+\lambda x_2-x_3=0,\end{cases}$（Ⅱ）$\lambda x_1+x_2+x_3=0$，若两个方程组有公共非零解，则 λ 应取值为

   A. $\lambda=-1$ B. $\lambda=4$ C. $\lambda=2$

   D. $\lambda=-1$ 或 $\lambda=4$ E. $\lambda\ne -1$ 且 $\lambda\ne 4$

29. 随机变量 X 服从参数为 3 的指数分布，Y 表示在对 X 独立重复试验的观测中事件 $\{X>2\}$ 出现 3 次所需要试验的次数，则 Y 的概率分布为

A. $C_{n-1}^2 e^{-18}(1-e^{-6})^{n-3}$ B. $C_{n-1}^2 e^{-15}(1-e^{-6})^{n-2}$

C. $C_{n-1}^2 e^{-18}(1-e^{-6})^{n-2}$ D. $C_{n-1}^2 e^{-15}(1-e^{-3})^{n-2}$

E. $C_n^3 e^{-18}(1-e^{-6})^{n-3}$

30. 已知随机变量 $X_1 \sim N(1,1)$, $X_2 \sim N(2,2)$, $X_3 \sim N(3,3)$, $X_4 \sim N(4,4)$, 且 X_1, X_2, X_3, X_4 相互独立，设随机变量 $Z = \frac{1}{4}\sum_{i=1}^{4} X_i$，则

  A. $Z \sim N(10,10)$ B. $Z \sim N(10,5)$
  C. $Z \sim N(2.5, 2.5)$ D. $Z \sim N(2.5, 0.625)$
  E. Z 未必服从正态分布

31. 已知随机变量 X 服从参数为 λ 的泊松分布，且 $P\{X=0\}=P\{X=2\}$，则 $P\{X \geq 1\} =$

  A. $1-e^{-\sqrt{2}}$ B. $1-e^{-2}$ C. $1-e^{-1}$
  D. $1-e^{-0.1}$ E. $e^{\sqrt{2}}-1$

32. 某班车起点站上车人数是随机的，每位乘客在中途下车的概率均为 0.3，并且他们上车与否相互独立．则在发车时有 10 个乘客的条件下，中途有 3 个乘客下车的概率为

  A. $(0.3)^3(0.7)^7$ B. $C_{10}^3(0.3)^3(0.7)^7$ C. $C_{10}^3(0.3)^3$
  D. $\frac{3}{10}$ E. 无法确定

33. 已知随机变量 X, Y 的概率密度，分别为
$$f_1(x)=\frac{2}{\sqrt{2\pi}}e^{-2x^2+4x-2}, f_2(x)=\frac{1}{\sqrt{\pi}}e^{-x^2-4x-4}, (-\infty < x < +\infty)$$
则有

  A. $EX > EY, DX > DY$ B. $EX > EY, DX < DY$
  C. $EX < EY, DX > DY$ D. $EX < EY, DX < DY$
  E. $EX = EY, DX = DY$

34. 设随机变量 X 的分布函数为 $F(x)=\begin{cases} a+be^{-kx}, & x>0 \\ 0, & x \leq 0 \end{cases}$ $(k>0)$，且 $P\{X>1\}=e^{-2}$，则常数 a, b, k 的取值依次为

  A. $1, 1, 2$ B. $-1, 1, 2$ C. $1, -1, 2$
  D. $1, 1, -2$ E. $1, 1, 1$

35. 某人用 n 把钥匙开门，只有其中一把能打开门，则此人打开门所需次数的期望和方差分别为

  A. $\frac{2n-1}{2}, \frac{n^2-1}{12}$ B. $\frac{2n-1}{2}, \frac{n^2+1}{12}$ C. $\frac{n+1}{3}, \frac{n^2-1}{12}$
  D. $\frac{n+1}{2}, \frac{n(n+1)}{12}$ E. $\frac{n+1}{2}, \frac{n^2-1}{12}$

二、逻辑推理：第 36～55 小题，每小题 2 分，共 40 分。下列每题给出的五个选项中，只有一个选项是最符合试题要求的。

36. 会玩的孩子更能适应社会交往，心理也更加健康；相反，不少性格内向、孤僻，甚至有交往困难等行为问题的孩子，大多小时候很少和同伴玩耍。如果一个孩子交往

技能比较差，就容易产生焦虑、紧张、多疑等负性情绪，从而影响正常生活和学习；如果这些负性情绪长期得不到释放，甚至可能导致退缩型人格。

由此可以推出：

A. 只要让孩子有充分的时间玩耍，孩子的心理就能健康发展。

B. 经常和同伴玩耍可以避免退缩型人格。

C. 有心理缺陷的孩子，都是因为小时候没有得到足够的时间玩耍。

D. 只要孩子会玩耍，长大后就能适应社会。

E. 只有给孩子充分的时间玩耍，孩子的心理才可能健康发展。

37. 藏獒是世界上最勇猛的狗，一只壮年的藏獒能与五只狼搏斗。所有的藏獒都对自己的主人忠心耿耿，而所有忠实于自己主人的狗也为人所珍爱。

如果以上陈述为真，则以下除哪项外都必然为真？

A. 有些为人所珍爱的狗不是藏獒。

B. 任何不为人所珍爱的狗都不是藏獒。

C. 有些世界上最勇猛的狗为人所珍爱。

D. 有些忠实于自己主人的狗是世界上最勇猛的狗。

E. 任何不忠心耿耿的狗都不是藏獒。

38. 唐代诗人王维的主要作品是诗歌，《王右丞集》是王维的作品。唐诗宋词不是一年半载能读完的。

由此可见：

A. 《王右丞集》不是一年半载能读完的。

B. 王维的作品不是一年半载能读完的。

C. 唐诗宋词中包括王维的作品。

D. 王维的主要作品是《王右丞集》。

E. 《王右丞集》是诗歌。

39. 小明、小伟和小刚三位同学参加完期末考试后，三人一起议论。

小明说："我是肯定考不了90分以上。"

小伟说："90分以上我是达不到了。"

小刚说："60分以上没有问题。"

等到公布成绩时，三人中90分以上、60～90分之间和60分以下各一人，并且他们三人中只有一人预测对了。

最可能的结果是：

A. 小明的分数在60～90分之间，小伟的分数在60分以下，小刚的分数在90分以上。

B. 小明的分数在90分以上，小伟的分数在60～90分之间，小刚的分数在60分以下。

C. 小明的分数在60分以下，小伟的分数在60～90分之间，小刚的分数在90分以上。

D. 小明的分数在60分以下，小伟的分数在90分以上，小刚的分数在60～90分之间。

E. 小明的分数在90分以上，小伟的分数在90分以下，小刚的分数在60～90分之间。

40. 现在，大多数用后即可废弃的塑料罐都贴上了用以说明塑料的类型或质量的号码（从1到9）。具有最低编号的塑料制品最容易被回收工厂回收，因此用后被回收而不是被倾倒在垃圾堆里的可能性最大。具有最高编号的塑料制品很少被回收。因此，消费者可以通过拒绝购买那些包装在最高编号的塑料制品内的产品，使不能回收的废弃物显著减少。

以下哪项如果正确，能最严重地削弱上述结论？

A. 目前，收集、分类和回收被抛弃的塑料废品的费用要比用原材料制造新的塑料产品高。

B. 许多消费者没有注意到印在塑料容器上的号码。

C. 塑料容器经回收后，编码几乎总是在增加，因为回收处理会使塑料产品的质量下降。

D. 包装在最低编号塑料制品内的产品通常要比那些包装在较高编号塑料制品内的产品贵。

E. 那些将所有废弃的塑料收集起来以备将来回收的社区，只有在明显没有回收商来回收它们的情况下，才将有较高编码的塑料倾倒在垃圾堆里。

41. 当谈到工地的安全性时，美国远远排在瑞典和加拿大等国的后面。在这三个国家中，监视工地安全情况的联合安全委员会非常成功地减少了由职业引起的伤害。在美国，只有少数几家公司有这样的委员会，并且都是通过自愿的方式成立的。然而，在瑞典和加拿大，联合安全委员会是法律所要求成立的，且所有中等和大型的工地都有这样的委员会。

以下哪项能被上面的论述所支持？

A. 在美国所有的中等和大型的工地创立联合安全委员会能导致由职业引起的伤害减少。

B. 被法律要求成立的联合安全委员会在减少由职业引起的伤害上要比自愿成立的联合安全委员会有效得多。

C. 早在法律上要求在所有的中等和大型的工地创立联合安全委员会之前，瑞典和加拿大的工地安全性就比美国高。

D. 在瑞典和加拿大，联合安全委员会在被法律要求成立之前，就已经在大多数的中等和大型的工地上自愿成立了。

E. 如果美国要求在所有的中等和大型的工地上都创立联合安全委员会，那么美国在工地的安全性方面将会超过瑞典和加拿大。

42. 某国际小组对从已灭绝的一种恐鸟骨骼化石中提取的DNA进行遗传物质衰变速率分析发现，虽然短DNA片段可能存在100万年，但30个或者更多碱基对序列在确定条件下的半衰期只有大约15.8万年。某位科学家据此认为，利用古代DNA再造恐龙等类似于电影《侏罗纪公园》中的故事不可能发生。

以下哪项如果为真，最能反驳该科学家的观点？

A. 《侏罗纪公园》虽然是一部科幻电影，但也要有事实依据。

B. 上述研究的化石样本可能受到人类DNA的"污染"。

C. 用恐鸟的DNA造不出恐龙。

D. 恐鸟与恐龙的碱基对序列排列顺序不同。

E. 环境因素会影响DNA等遗传物质的衰变速率。

43. 企业家说："初创互联网公司只有建立用户思维，才能发展壮大为一家成功的互联网公司。"

如果该企业家所述为真，则以下哪项是不可能出现的情况？

A. 某家老牌互联网公司没有用户思维，但堪称一家成功的互联网公司。

B. 某家初创互联网公司没有用户思维，但成为一家成功的互联网公司。
C. 某家初创互联网公司没有用户思维，没有成为成功的互联网公司。
D. 某家老牌互联网公司有用户思维，成为一家成功的互联网公司。
E. 某家初创互联网公司有用户思维，没有成为成功的互联网公司。

44. 库兹涅茨的倒U曲线理论认为："在经济增长的初期阶段，尽管人们的收入都没有减少，但社会收入分配却变得不平等；随着经济的继续增长，收入分配不平等的程度逐渐减轻；经济增长达到更高水平以后，收入分配又变得平等。"这种理论假说在一定程度上符合西方发达国家经济增长的历史实际。但他又指出，重复发达国家以往的模式，以为收入不平等促进了经济增长，强化欠发达国家当前的收入不平等是必要的，这是一种"危险的类比"。在西方经济发展实践中，解决公平问题不是搞自然而然的过渡，而是通过政府和社会的积极干预，消除工业化和城市化带来的不利影响，提高广大人民群众收入在国家不断增长的收入中所占的比例，对高收入者形成法律和政治压力，从而使得社会收入分配转向公正。

以下哪项的说法与这段文字的主旨最相符？
A. 经济总量增长不会自发地促进社会收入的公平分配。
B. 国家通过宏观调控可以有效监督和保证社会公平。
C. 发达国家的收入分配模式是遵循效率优先原则的。
D. 倒U曲线理论不适用于欠发达国家的经济增长模式。
E. 解决公平问题需要政府和社会形成合力，提高广大人民群众收入在国家不断增长的收入中所占的比例。

45. 研究发现，试管婴儿的出生缺陷率约为9%，自然受孕婴儿的出生缺陷率约为6.6%。这两部分婴儿的眼部缺陷比例分别为0.3%和0.2%，心脏异常比例分别为5%和3%，生殖系统缺陷的比例分别为1.5%和1%。因而可以说明，试管婴儿技术导致试管婴儿比自然受孕婴儿出生缺陷率高。

以下哪项如果为真，最能质疑上述结论？
A. 试管婴儿要经过体外受精和胚胎移植过程，人为操作会加大受精卵受损的风险。
B. 选择试管婴儿技术的父母大都有生殖系统功能异常，这些异常会令此技术失败率增加。
C. 对于试管婴儿而言，体外受精阶段可以产生很多受精卵，只有最优质的才被拣选到母体进行孕育。
D. 试管婴儿的父母比自然受孕婴儿的父母年龄大很多，父母年龄越大，新生儿的出生缺陷率越高。
E. 试管婴儿技术并不成熟，它只是为满足无法生育的夫妻而进行的不得已的尝试。

46. 有甲、乙、丙、丁、戊五个人坐在一张圆桌上吃饭，其中有两个人是法律专业，有两个人是文学专业，有一个人是历史专业。已知两个法律专业的人和两个文学专业的人各自都坐在相邻位置；甲与丁是同一个专业的；丙坐在乙和一个文学专业的人之间；戊和乙不相邻；丙和甲不相邻。

下列推断正确的是：
A. 甲是文学专业。   B. 乙是法律专业。   C. 丙是文学专业。
D. 丁是历史专业。   E. 戊是历史专业。

47. 大雁一般排成整齐的人字形或一字形飞行，这是集群本能的表现。因为这样有利于防御敌害。雁群总是由有经验的老雁当"队长"，飞在队伍的最前面。在飞行中，带队的大雁体力消耗得很厉害，因而它常与别的大雁交换位置。幼鸟和体弱的大雁总是插在队伍的中间，因此飞行时它们不会受到敌害的攻击。

    以下哪项如果为真，可以成为得出上述论断所需的前提？

    A. 大雁的飞行队形兼具防守和攻击两种功能。
    B. 大雁总是交换位置轮流带队。
    C. 飞行时敌害不会攻击大雁飞行队列的中间。
    D. 雁群中需要有不止一只能带队的大雁。
    E. 飞行的位置越靠近队伍的中间越节省体力。

48. 目标：给三个相同的数字增加数学运算符号，以得出6。例如，在三个2中间增加两个加号即可得出6。

    以下哪三个数字添加数学运算符号后能得出6？

    A. 三个1。　　　B. 三个4。　　　C. 三个7。
    D. 三个9。　　　E. 以上都可以。

49. 如果电用完了，电动自行车就无法继续前行。我的电动自行车不能继续前行，因此，电一定用完了。

    以下哪项推理与题干的最为类似？

    A. 如果姚明上场，中国队就一定能赢。姚明没上场，所以中国队输定了。
    B. 所有的条件我都可以接受，除非它明显不公平。这个条件我不能接受，因此，它明显不公平。
    C. 如果晓莉努力学习，考试成绩就会很好。晓莉没有努力学习，但是成绩也不错。
    D. 如果小美去过香港，那么她一定会购买高档化妆品。小美购买了高档化妆品，所以，小美去过香港。
    E. 只有使用合格的建筑材料，才能建造出高质量的楼房。这栋楼房已经变成了危楼，因此，它所使用的建筑材料一定不合格。

50. 台风是大自然最具破坏性的灾害之一。有研究表明：通过向空中喷洒海水水滴，增加台风形成区域上空云层对日光的反射，那么台风将不能聚集足够的能量，这一做法将有效阻止台风的前进，从而避免更大程度的破坏。

    上述结论的成立需要补充以下哪项作为前提？

    A. 喷洒到空中的水滴能够在云层之上重新聚集。
    B. 只有喷洒海水水滴才能有效阻止台风的破坏。
    C. 除了向空中喷洒海水水滴，还没有更加有效的办法增加台风形成区域上空云层对日光的反射。
    D. 台风前进的动力来自海水表面日光照射所产生的热量。
    E. 人工制造的云层将对邻近区域的降雨产生影响。

51. 某中学的三位老师自学了逻辑学。一天，三人在讨论一道逻辑难题，三人各自的意见为：

    甲："我做错了。"

乙："甲做对了。"
丙："我做错了。"
由于意见不统一，于是三人去请教逻辑学老师。老师听完他们的答案和意见后，知道他们三人中有一人的答案是对的，有一人的意见正确。
那么意见正确和答案对的人分别为：
A. 甲和乙。　　　　　B. 甲和丙。　　　　　C. 乙和丙。
D. 都是甲。　　　　　E. 都是乙。

52. S省"明星杯"篮球大赛开赛在即，教练要从小张、小李、小王、小赵、小田五人中挑选两名球员充实上场阵容。考虑到队员之间的最佳配合，教练做出如下五点决定：
（1）如果小张不上场，那么，或者小李上场或者小王上场；
（2）如果小李上场，则小赵上场；
（3）要么小王上场，要么小田上场；
（4）如果小赵上场，那么小田不上场；
（5）小田一定要上场。
据此，可以推出以下哪项？
A. 小张上场。　　　　B. 小李上场。　　　　C. 小王上场。
D. 小赵上场。　　　　E. 以上答案都不对。

53. 梅、兰、竹、菊是张老汉的四个女儿。有一次，某客人问起四姐妹的年龄，得到不同的回答。梅说："兰比竹小。"兰说："我比梅小。"竹说："兰不是三姐。"菊说："我是大姐。"憨厚的张老汉在旁补充道："大女儿和三女儿撒谎呢，二女儿和小女儿说得对。"
据此，按年龄从大到小的顺序，可以推断四姐妹依次为：
A. 兰、菊、竹、梅。　　　　　　　B. 梅、兰、菊、竹。
C. 兰、菊、梅、竹。　　　　　　　D. 菊、兰、梅、竹。
E. 梅、兰、竹、菊。

54. 甲　鲍勃是个好男人，我觉得他在做他的工作，而且不找任何借口，我希望我有更多象他一样的员工。
乙：可是鲍勃离过4次婚，总是喝太多的酒，同时他沉溺于赌博。
以下哪项是对甲、乙的争论最恰当的解释？
A. 甲说的有道理，工作做得好的男人才是好男人。
B. 乙说的有道理，在道德范围内，拥有美德的男人才是好男人。
C. 甲和乙说的都有各自的合理之处。
D. 甲和乙说的都不对，仅有工作能力或优秀美德都不足以认定一个人是好男人。
E. 甲和乙对"好男人"这一核心概念的界定标准是不同的。

55. 某公司产品的合格率为92%，现抽查其中的50件产品，发现只有2件不合格。
据此，可以推出以下哪项？
A. 如果只抽查1件产品，则其一定合格。
B. 该公司的产品合格率大于92%。
C. 如果抽查200件产品，则必定有16件不合格。

D. 该公司产品的合格率为96%。

E. 再做一次实验,可能没有不合格产品。

三、写作:第56~57小题,每小题20分,共40分。

56. 论证有效性分析:分析下述论证中存在的缺陷和漏洞,选择若干要点,写一篇600字左右的文章,对该论证的有效性进行分析和评论。(论证有效性分析的一般要点是:概念特别是核心概念的界定和使用是否准确并前后一致,有无各种明显的逻辑错误,论证的论据是否支持结论,论据成立的条件是否充分等。)

  知人和自知,都是从个人平时的行为来认识人从而对其做出各个方面的评价。知人而不自知者比自知而不知人者更可悲。

  第一,知人而不自知者不了解自己的缺点,难以进步。互联网上,有多少人面对别人时是"批判家",却对自己惹人厌的地方一无所知呢?越是贤明的人越明白自己的不足之处,越是无知的人越自以为是、得意扬扬,是故"圣益圣,愚益愚"。只有认识了自己的缺点,才可以去改正,一些人自我感觉良好,觉得别人都不懂自己,认为自己完美无缺,落在别人眼中却是笑话百出,这样的愚昧无知不可悲、可笑吗?

  第二,知人而不自知者常对自己做事情的结果没有一个符合实际的期待。比如在一场考试中,自知而不知人的同学对自己的成绩能做到心里有数,知人而不自知的同学却总是期待与实际不符甚至大相径庭的结果,连自己错在哪里都不清楚,这是因为前者对自己的知识掌握情况有客观的自我认知,而后者则没有这种"自知之明"。先思而后行,行事要有章法,自知者胸有成竹,所以办事有效。

  第三,知人而不自知者往往找不准自己的定位,人生方向迷茫。有人从小便志向远大;有人却一生都没什么追求,碌碌无为,浑浑噩噩,到老了回忆一生才觉得遗憾。我们身边谈论别人头头是道,而对自己的内心欲求却一无所知的人并不少,这样的人知人有什么用呢?谁会想与一个没有目标的人合作?更何谈追随于他,为之分忧解难。

  人生在世,终其一生都在认识自己、了解自己。正是因为有了自我认知,人才有了追求;有了物欲以外的心之所向,并为之付出毕生精力和心血,人才有了自知。

57. 论说文:根据下述材料,写一篇600字左右的论说文,题目自拟。

  马歇尔是美国军事家、政治家、外交家,陆军五星上将。他是非常严厉的人,但他知道,真正的重点是完成任务的能力。举例来说,如果一个师需要一名能够完成培训任务的长官,马歇尔就会寻找能把新兵变成战士的人。一般来说,每个擅长做这项工作的人,在其他方面都存在严重的缺点。有一个人对战术不太在行,对战略更是一窍不通。另外一个人说话不经大脑,做事冲动,又在公众中惹了点麻烦。第三个人虚荣、自大、任性,又经常与上司闹矛盾。实际上这些都不是问题,关键是他是否能训练好新兵?如果答案是肯定的——尤其当答案是"他是最适合的人选",那么这个职位就归他了。

  在甄选自己的内阁成员时,罗斯福(Franklin Roosevelt)和杜鲁门(Harry Truman)都说过这样的话:"不要在意个性上的缺点,先告诉我,他们每个人具备哪方面的能力。"正是由于这样的用人观念,这两位总统拥有了20世纪美国历史上最强有力的内阁。

经济类联考综合能力预测试题（四）

一、数学基础：第 1～35 小题，每小题 2 分，共 70 分。下列每题给出的五个选项中，只有一个选项是最符合试题要求的。

1. 已知极限 $\lim\limits_{x \to 0} \dfrac{\sqrt[3]{1+x^2 f(x)}-1}{1-\cos x} = 6$，则 $\lim\limits_{x \to 0} f(x) =$

   A. 3 B. 6 C. 9
   D. 12 E. 15

2. 设 $\lim\limits_{x \to +\infty}\left(\sqrt{\dfrac{x^3}{1+x}}+ax-b\right) = -1$，则 a, b 取值依次为

   A. 1, 1 B. 1, $\dfrac{1}{2}$ C. $-1, \dfrac{1}{2}$
   D. $-1, 1$ E. $-1, 2$

3. 设函数 $f(x) = \lim\limits_{n \to \infty}\dfrac{1-x}{1+x^{2n}}$，则函数 $f(x)$

   A. 在点 $x = -1$ 处间断 B. 在点 $x = 0$ 处间断
   C. 在点 $x = 1$ 处间断 D. 在 $(-\infty, +\infty)$ 上连续
   E. 不能确定在 $(-\infty, +\infty)$ 上的连续性

4. 设函数 $f(x) = \dfrac{1}{\pi x} + \dfrac{1}{\sin \pi x} - \dfrac{1}{\pi(1-x)}, 0 < x \leqslant \dfrac{1}{2}$，若要使 $f(x)$ 在区间 $\left[0, \dfrac{1}{2}\right]$ 上连续，应补充定义 $f(0) =$

   A. -2 B. -1 C. $-\dfrac{1}{2}$
   D. $-\dfrac{1}{3}$ E. $-\dfrac{1}{\pi}$

5. 设函数 $f(x) = \sin x$，则 $\lim\limits_{n \to \infty}\left[\dfrac{f\left(1+\dfrac{1}{n}\right)}{f(1)}\right]^n =$

   A. $e^{-\tan 1}$ B. $e^{\tan 1}$ C. $e^{\cos 1}$
   D. $e^{-\cot 1}$ E. $e^{\cot 1}$

6. 设 $y = f\left(\dfrac{4x-3}{4x+3}\right), f'(x) = \arctan(2x+1)$，则 $\left.\dfrac{dy}{dx}\right|_{x=0} =$

   A. $-\pi$ B. $-\dfrac{2\pi}{3}$ C. $\dfrac{2\pi}{3}$
   D. π E. $\dfrac{4\pi}{3}$

7. 设函数 $f(u)$ 可导，且 $y = f(e^{2x})$，当自变量 x 在点 $x = 0$ 处有增量 $\Delta x = -0.1$ 时，相应的函数增量 Δy 的线性主部为 0.5，则 $f'(1) =$

   A. -2.5 B. -1.5 C. -0.5
   D. 0.15 E. 0.5

8. 设函数 $f(x)=a\ln x+\dfrac{1}{3}\cos 4x$，若 $f(x)$ 在点 $x=\dfrac{\pi}{4}$ 处取极值，则 a

 A. >0，且 $f\left(\dfrac{\pi}{4}\right)$ 为极小值　　　　　　　B. >0，且 $f\left(\dfrac{\pi}{4}\right)$ 为极大值

 C. <0，且 $f\left(\dfrac{\pi}{4}\right)$ 为极小值　　　　　　　D. <0，且 $f\left(\dfrac{\pi}{4}\right)$ 为极大值

 E. $=0$，且 $f\left(\dfrac{\pi}{4}\right)$ 为极小值

9. 设函数 $f(x)=x^3+3ax^2+5bx$，且 $36a^2-60b<0$，则方程 $f(x)=0$

 A. 没有实根　　　B. 有唯一实根　　　C. 有 2 个实根

 D. 有 3 个实根　　　E. 有 4 个实根

10. 设函数 $f(x)$ 在其定义域内存在二阶导数，于是，在定义域内

 A. 若 $f'(x)>0$，则 $f(x)$ 单调递增　　　B. 若 $f'(x)<0$，则 $f(x)$ 单调递减

 C. 若 $f'(x)=0$，则 $f(x)$ 恒为常数　　　D. 函数 $f(x)$ 连续

 E. 若 $f''(x)>0$，则曲线 $y=f(x)$ 是凹的

11. 设 $f(x)=\min\{x^3,x^4,1\}$，则 $y=\int f(x)\mathrm{d}x=$

 A. $\begin{cases}\dfrac{1}{4}x^4+C,&x<0,\\ \dfrac{1}{5}x^5+C,&0\leqslant x<1,\\ x+C,&x\geqslant 1\end{cases}$　　　B. $\begin{cases}\dfrac{1}{4}x^4+C,&x<0,\\ \dfrac{1}{5}x^5+C,&0\leqslant x<1,\\ x-\dfrac{4}{5}+C,&x\geqslant 1\end{cases}$

 C. $\begin{cases}\dfrac{1}{4}x^4+C_1,&x<0,\\ \dfrac{1}{5}x^5+C_2,&0\leqslant x<1,\\ x+C_3,&x\geqslant 1\end{cases}$　　　D. $x+C$

 E. $\dfrac{1}{3}x+C$

12. $\displaystyle\int_0^1\dfrac{1}{\mathrm{e}^x+\mathrm{e}^{2-x}}\mathrm{d}x=$

 A. $\dfrac{\pi}{4\mathrm{e}}-\dfrac{1}{\mathrm{e}}$　　　B. $\dfrac{\pi}{4\mathrm{e}}+\dfrac{1}{\mathrm{e}}$　　　C. $\dfrac{\pi}{4\mathrm{e}}-\dfrac{1}{\mathrm{e}}\arctan\dfrac{1}{\mathrm{e}}$

 D. $\dfrac{\pi}{4}-\arctan\dfrac{1}{\mathrm{e}}$　　　E. $\dfrac{\pi}{4}+\arctan\dfrac{1}{\mathrm{e}}$

13. 极限 $\displaystyle\lim_{n\to\infty}\dfrac{1}{n}\left(\sqrt{1+\cos\dfrac{2\pi}{n}}+\sqrt{1+\cos\dfrac{4\pi}{n}}+\cdots+\sqrt{1+\cos\dfrac{2k\pi}{n}}+\cdots+\sqrt{1+\cos 2\pi}\right)=$

 A. 0　　　B. $\dfrac{1}{\pi}$　　　C. $\dfrac{\sqrt{2}}{\pi}$

 D. $\dfrac{2}{\pi}$　　　E. $\dfrac{2\sqrt{2}}{\pi}$

14. $\displaystyle\int_1^3\dfrac{x}{\sqrt{|x^2-4|}}\mathrm{d}x=$

A. $\dfrac{1}{2}(\sqrt{5}+\sqrt{3})$ B. $\dfrac{1}{2}(\sqrt{5}-\sqrt{3})$ C. $\sqrt{5}+\sqrt{3}$

D. $\sqrt{5}-\sqrt{3}$ E. $2\sqrt{5}+2\sqrt{3}$

15. 设 $f(x)$ 为连续函数，且 $f(x)=\int_0^x f(t)\mathrm{d}t$，则 $f(x)=$

    A. e^x+C B. $C\mathrm{e}^x$ C. C

    D. 0   E. e^x

16. 设 $f(x)$ 在区间 $[a,b]$ 上有定义且可导，已知 $f(x)>0$，$f'(x)>0$。对于 $[a,b]$ 内任意一点 $c\in(a,b)$，记 $P=\dfrac{1}{c-a}\int_a^c f(x)\mathrm{d}x$，$Q=\dfrac{1}{b-c}\int_c^b f(x)\mathrm{d}x$，$R=\dfrac{1}{b-a}\int_a^b f(x)\mathrm{d}x$，则 P，Q，R 满足不等式

    A. $P>Q>R$ B. $R>Q>P$ C. $P>R>Q$

    D. $Q>R>P$ E. $R>P>Q$

17. 设连续函数 $f(x)$ 满足条件 $\int_0^x f(x-t)\mathrm{e}^{2t}\mathrm{d}t=\cos x$，则 $f(x)=$

    A. $\sin x+\cos x$ B. $\sin x-2\cos x$ C. $-\sin x-2\cos x$

    D. $-\sin x-\cos x$ E. $-2\sin x-\cos x$

18. 设函数 $f(x,y)$ 存在一阶偏导数，$f(1,1)=1$，$f'_x(1,1)=a$，$f'_y(1,1)=b$，$g(x)=f(x,f(x,f(x,x)))$，则 $\left.\dfrac{\mathrm{d}g}{\mathrm{d}x}\right|_{x=1}=$

    A. $a-ab+ab^2-b^3$ B. $a+ab-ab^2-b^3$ C. $a+ab+ab^2+b^3$

    D. $a^3+a^2b+ab^2+b^3$ E. $a^3-a^2b+ab^2-b^3$

19. 设函数 $z=z(x,y)$ 由方程 $xz=y+\mathrm{e}^z$ 确定，则 $\dfrac{\partial z}{\partial y}=$

    A. $\dfrac{1}{x-\mathrm{e}^z}$ B. $-\dfrac{1}{x-\mathrm{e}^z}$ C. $\dfrac{x}{x-\mathrm{e}^z}$

    D. $-\dfrac{x}{x-\mathrm{e}^z}$ E. $-\dfrac{x}{y-\mathrm{e}^z}$

20. 若点 (a,b) 与 n 个点 (x_1,y_1)，(x_2,y_2)，…，(x_n,y_n) 距离的平方和最小，则 a，b 取值依次为

    A. $\dfrac{1}{2n}\sum\limits_{i=1}^n x_i$，$\dfrac{1}{2n}\sum\limits_{i=1}^n y_i$ B. $\dfrac{1}{n}\sum\limits_{i=1}^n x_i$，$\dfrac{1}{n}\sum\limits_{i=1}^n y_i$ C. $0,0$

    D. 0，$\dfrac{1}{n}\sum\limits_{i=1}^n y_i$ E. $\dfrac{1}{n}\sum\limits_{i=1}^n x_i$，$0$

21. 对于函数 $f(x,y)=x^3y-3xy+y^2-2$，则 $f(x,y)$

    A. 有 3 个极大值点   B. 有 2 个极大值点   C. 有 3 个极小值点

    D. 有 2 个极小值点   E. 没有极值点

22. 设 A 为 n 阶矩阵，若 $|A|=0$，则在 A 中

    A. 必有两行（或列）成比例

    B. 必定包含零元素

    C. 所有 $r(r\leqslant n)$ 阶子式均为零

    D. 所有行（或列）均可以被其余行（或列）线性表示

    E. 至少有一行（或列）可以被其它行（或列）线性表示

23. 设 $A^{-1} = \begin{pmatrix} 2 & 3 & 4 \\ 1 & -1 & 2 \\ 3 & 1 & 2 \end{pmatrix}$，则行列式的第 2 行元素的代数余子式之和为

  A. $\dfrac{1}{20}$ B. $\dfrac{3}{20}$ C. $\dfrac{1}{5}$

  D. 2   E. 3

24. 设 $\boldsymbol{\alpha}$ 是 n 维实向量，$\boldsymbol{\alpha}^T\boldsymbol{\alpha} = 1$，$n$ 阶矩阵 $\boldsymbol{A} = \boldsymbol{E} - 2\boldsymbol{\alpha}\boldsymbol{\alpha}^T$，则 $\boldsymbol{A}\boldsymbol{A}^T =$

  A. $\boldsymbol{E}$ B. $2\boldsymbol{E}$ C. $3\boldsymbol{E}$

  D. $4\boldsymbol{E}$ E. $\boldsymbol{O}$

25. 设矩阵 $\boldsymbol{A} = \begin{pmatrix} 2 & 2 & 0 \\ 3 & 6 & 0 \\ 0 & 0 & 4 \end{pmatrix}$，则 $(\boldsymbol{A} - \boldsymbol{E})^{-1} =$

  A. $\begin{pmatrix} \frac{1}{3} & 0 & 0 \\ 0 & 5 & -2 \\ 0 & -3 & 1 \end{pmatrix}$ B. $\begin{pmatrix} 5 & -2 & 0 \\ -3 & 1 & 0 \\ 0 & 0 & \frac{1}{3} \end{pmatrix}$ C. $\begin{pmatrix} 5 & -2 & 0 \\ -3 & 1 & 0 \\ 0 & 0 & 3 \end{pmatrix}$

  D. $\begin{pmatrix} \frac{1}{3} & 0 & 0 \\ 0 & -5 & 2 \\ 0 & 3 & -1 \end{pmatrix}$ E. $\begin{pmatrix} -5 & 2 & 0 \\ 3 & -1 & 0 \\ 0 & 0 & \frac{1}{3} \end{pmatrix}$

26. 设 n 维列向量组 $\boldsymbol{A} = (\boldsymbol{\alpha}_1, \boldsymbol{\alpha}_2, \cdots, \boldsymbol{\alpha}_s)$，则下列条件中：① 向量个数 s 小于或等于维数 n；② 当 $n = s$ 时，线性方程组 $\boldsymbol{Ax} = \boldsymbol{0}$ 仅有零解；③ 所有 $r(r \leqslant \min\{n, s\})$ 阶子式均不为零；④ $\boldsymbol{A}$ 可表为若干个初等矩阵的乘积；⑤ 向量组 $\boldsymbol{\alpha}_1, \boldsymbol{\alpha}_2, \cdots, \boldsymbol{\alpha}_s$ 能够被个数多的同维向量组线性表示；能够构成 $\boldsymbol{\alpha}_1, \boldsymbol{\alpha}_2, \cdots, \boldsymbol{\alpha}_s$ 线性无关的充分必要条件的有

  A. 1 个   B. 2 个   C. 3 个

  D. 4 个   E. 5 个

27. 设 4 维列向量组 $\boldsymbol{\alpha}_1, \boldsymbol{\alpha}_2, \boldsymbol{\alpha}_3, \boldsymbol{\alpha}_4, \boldsymbol{\beta}$，其中 $\boldsymbol{\alpha}_1, \boldsymbol{\alpha}_2, \boldsymbol{\beta}$ 线性无关，且 $\boldsymbol{\alpha}_3 = \boldsymbol{\alpha}_1 - \boldsymbol{\alpha}_2$，$\boldsymbol{\alpha}_4 = 2\boldsymbol{\alpha}_1 + \boldsymbol{\alpha}_2$，$\boldsymbol{\alpha}_1 + \boldsymbol{\alpha}_2 + 3\boldsymbol{\alpha}_3 - \boldsymbol{\alpha}_4 = \boldsymbol{\beta}$，若记 $\boldsymbol{A} = (\boldsymbol{\alpha}_1, \boldsymbol{\alpha}_2, \boldsymbol{\alpha}_3, \boldsymbol{\alpha}_4)$，则线性方程组 $\boldsymbol{Ax} = \boldsymbol{\beta}$ 的通解为

  A. $c_1(1, -1, 0, -1)^T + c_2(1, -1, -1, 0)^T + (1, 1, 3, -1)^T$

  B. $c_1(2, 1, 0, -1)^T + c_2(1, -1, -1, 0)^T + (0, 2, 4, 1)^T$

  C. $c_1(1, -1, 0, -1)^T + c_2(1, -1, -1, 0)^T + (0, 2, 3, 0)^T$

  D. $c_1(1, -1, -1, 0)^T + c_2(2, -1, 0, 1)^T + (1, 1, 3, -1)^T$

  E. $c_1(1, -1, -1, 0)^T + c_2(2, 1, 0, -1)^T + (1, 1, 3, -1)^T$

28. 设 $\boldsymbol{A}$ 为 n 阶矩阵，对于线性方程组（Ⅰ）$\boldsymbol{Ax} = \boldsymbol{0}$，（Ⅱ）$\boldsymbol{A}^T\boldsymbol{Ax} = \boldsymbol{0}$，必有

  A.（Ⅰ）的解是（Ⅱ）的解，（Ⅱ）的解也是（Ⅰ）的解

  B.（Ⅰ）的解是（Ⅱ）的解，但（Ⅱ）的解不是（Ⅰ）的解

  C.（Ⅰ）的解不是（Ⅱ）的解，但（Ⅱ）的解是（Ⅰ）的解

  D.（Ⅰ）的解不是（Ⅱ）的解，（Ⅱ）的解也不是（Ⅰ）的解

  E. 不能确定（Ⅰ）的解与（Ⅱ）的解之间的关系

29. 已知离散型随机变量 X 的分布函数为

$$F(x) = \begin{cases} 0, & x < -1, \\ 0.4, & -1 \leqslant x < 2, \\ 0.8, & 2 \leqslant x < 3, \\ 1, & x \geqslant 3, \end{cases}$$

则方程 $x^2 + Xx + 1 = 0$ 有实根的概率为

A. 0.8　　　　　　　　B. 0.6　　　　　　　　C. 0.4
D. 0.2　　　　　　　　E. 0.1

30. 下列函数中,不能构成某随机变量的概率密度的是

A. $f(x) = \begin{cases} \cos x, & -\dfrac{\pi}{2} < x < 0, \\ 0, & 其他 \end{cases}$　　B. $f(x) = \begin{cases} \sin x, & \dfrac{\pi}{2} < x < \pi, \\ 0, & 其他 \end{cases}$

C. $f(x) = \begin{cases} \sin x, & -\dfrac{\pi}{2} < x < 0, \\ 0, & 其他 \end{cases}$　　D. $f(x) = \begin{cases} \dfrac{1}{x}, & 1 < x \leqslant \mathrm{e}, \\ 0, & 其他 \end{cases}$

E. $f(x) = \dfrac{1}{\pi(1+x^2)}, -\infty < x < +\infty$

31. 已知随机变量 X_1, X_2, X_3 相互独立,并分别服从参数为 $\lambda_1, \lambda_2, \lambda_3$ 的泊松分布,设随机变量 $Z = \sum\limits_{i=1}^{3} X_i$,则 $P\{Z = 2\} =$

A. $\dfrac{(\lambda_1 + \lambda_2 + \lambda_3)^2}{2} \mathrm{e}^{-(\lambda_1 + \lambda_2 + \lambda_3)}$　　B. $\dfrac{(\lambda_1 \lambda_2 \lambda_3)^2}{2} \mathrm{e}^{-\lambda_1 \lambda_2 \lambda_3}$

C. $\sum\limits_{i=1}^{3} \dfrac{\lambda_i^2}{2} \mathrm{e}^{-\lambda_i}$　　D. $\dfrac{(\lambda_1 \lambda_2 \lambda_3)^2}{8} \mathrm{e}^{-(\lambda_1 + \lambda_2 + \lambda_3)}$

E. $\dfrac{(\lambda_1 + \lambda_2 + \lambda_3)^2}{2} \mathrm{e}^{-\lambda_1 \lambda_2 \lambda_3}$

32. 已知甲、乙两个口袋装有黑白两种球,其中甲袋装有 4 个黑球,3 个白球,乙袋装有 5 个黑球,从甲袋中任意取出 3 个球装入乙袋后,乙袋中现有白球数 X 的期望为

A. $\dfrac{11}{7}$　　　　　　　　B. $\dfrac{9}{7}$　　　　　　　　C. 1
D. $\dfrac{5}{7}$　　　　　　　　E. $\dfrac{3}{7}$

33. 设随机变量 X 的分布函数为 $F(x) = \begin{cases} 0, & x < 1, \\ \sqrt[3]{x} - 1, & 1 \leqslant x \leqslant 8, \\ 1, & x > 8, \end{cases}$ 则随机变量函数 $Y = F(X)$ 的期望和方差为

A. $EY = \dfrac{1}{2}, DY = \dfrac{1}{2}$　　B. $EY = \dfrac{1}{2}, DY = \dfrac{1}{4}$

C. $EY = \dfrac{1}{2}, DY = \dfrac{1}{12}$　　D. $EY = \dfrac{5}{2}, DY = \dfrac{1}{3}$

E. $EY = \dfrac{9}{2}, DY = \dfrac{49}{12}$

34. 设连续型随机变量 X 的概率密度为

$$f(x) = \dfrac{2}{\pi(1+x^2)}, a < x < +\infty$$

且 $P\{a<x<b\}=\dfrac{1}{2}$,则满足条件的常数 a,b 的值为(　　)

A. $a=-1,b=1$　　　　B. $a=0,b=0.5$　　　　C. $a=0,b=0.8$

D. $a=0,b=1$　　　　E. $a=1,b=2$

35. 设随机变量 X 的概率密度为

$$f(x)=\begin{cases}\dfrac{1}{2}\cos\dfrac{x}{2}, & 0\leqslant x\leqslant\pi,\\ 0, & \text{其他},\end{cases}$$

对 X 独立观察 5 次,用 Y 表示观察值大于 $\dfrac{\pi}{3}$ 的次数,则 $EY^2=$

A. $\dfrac{11}{2}$　　　　B. $\dfrac{13}{2}$　　　　C. $\dfrac{15}{2}$

D. 8　　　　E. 9

二、逻辑推理：第 36~55 小题，每小题 2 分，共 40 分。下列每题给出的五个选项中，只有一个选项是最符合试题要求的。

36. 关于财务混乱的错误谣言会损害一家银行的声誉。如果管理人员不试图反驳这些谣言，它们就会传播开来并最终摧毁顾客的信心。但如果管理人员努力反驳这种谣言，则这种反驳会使怀疑增加的程度比使它减少的程度更大。

　　如果以上陈述为真，则以下哪项一定是正确的？

　　A. 银行的声誉不会受到猛烈的广告宣传活动的影响。

　　B. 管理人员无法阻止已经出现的威胁银行声誉的谣言。

　　C. 面对错误的谣言，银行经理的最佳对策是直接说出财务的真实情况。

　　D. 关于财务混乱的正确的传言，对银行储户对该银行的信心的影响没有错误的传言大。

　　E. 有利的口碑可以提高银行在财务能力方面的声誉。

37. 所有成功人士都要穿衣吃饭，我不是成功人士，所以，我不必穿衣吃饭。

　　以下哪项的结构与题干最为类似？

　　A. 小王是大学生，小王不讲卫生，所以，大学生不讲卫生。

　　B. 法官是懂法律的，他不是法官，所以，他不是懂法律的。

　　C. 如果晓莉努力学习，考试成绩就会很好。晓莉考试成绩好，所以，晓莉学习很努力。

　　D. 武汉的风景名胜不是一天能够游览完的，黄鹤楼是武汉的风景名胜，所以黄鹤楼不是一天内能够游览完的。

　　E. 英雄是难过美人关的，我难过美人关，所以，我是英雄。

38. 某市举办了一场职业技能竞赛，有甲、乙、丙、丁四支代表队进入决赛，每支队伍有两名参赛选手，获得第一名的选手得 10 分，第二名得 8 分，第三名到第八名分别得 6、5、4、3、2、1 分，最后总分最高的队伍将获得冠军。比赛的排名情况如下：

　　(1) 甲队选手的排名都是偶数；乙队两名选手的排名相连；丙队选手的排名一个是奇数一个是偶数；丁队选手的排名都是奇数。

　　(2) 第一名是丁队选手，第八名是丙队选手。

(3) 乙队两名选手的排名在甲队两名选手之间，同时也在丙队两名选手之间。

根据以上条件可以判断各队总分由高到低的排列顺序为：

A. 丁＞乙＞丙＞甲。 B. 丁＞甲＞丙＞乙。
C. 甲＞丁＞乙＞丙。 D. 甲＞丁＞丙＞乙。
E. 丁＞甲＞乙＞丙。

39. 一种动物每日行走的距离和生活群体的大小，与它们的饮食有密切的联系。而它们的饮食则主要取决于这种动物的牙齿和面部的大小与形状。

如果上文的论述为真，则最能够支持以下哪项结论？

A. 与食草动物相比，食肉动物的群体相对较小，并且每日行走的距离较短。
B. 杂食动物通常比只吃一两种食物的动物更大、更活泼。
C. 当年老的动物牙掉了以后，它们通常走在群体的最后。
D. 借助动物的面部的大小和形状，足以辨认出它的种类。
E. 有关动物的牙齿和面部的大小与形状的信息，有助于辨别这个动物是否是群居生活的动物。

40. 主流经济理论认为，制造商仅仅根据消费者的需要和愿望来决定生产的产品的种类以及这些产品的形式。然而，每个看电视的人都知道，大多数的大生产商都能操纵甚至创造消费者的需求。既然主流经济学家也要看电视，那么他们在提出这个理论时的动机一定不是在追求科学真理时应有的公正无私的动机。

制造商操纵和创造消费者需求的声明在上述论证中所起的作用是下面哪一项？

A. 它是结论所依赖的一个声明。
B. 它是上述论证的结论。
C. 它陈述了驳斥的立场。
D. 它陈述了一个可能反对上述论证的结论的理由。
E. 它提供了补充的背景信息。

41. 全运会男子 10 000 米比赛，大连、北京、河南各派了三名运动员参加。赛前四名体育爱好者在一起预测比赛结果。甲断言："传统强队大连队训练很扎实，这次比赛前三名非他们莫属。"乙则说："据我估计，后起之秀北京队或者河南队能够进前三名。"丙预测："第一名如果不是大连队的，就是北京队的。"丁坚持："今年与去年大不相同了，前三名大连队最多能占一席。"比赛结束后，发现四人中只有一人的预测是正确的。

以下哪项最可能是该项比赛的结果？

A. 第一名大连队，第二名大连队，第三名大连队。
B. 第一名大连队，第二名河南队，第三名北京队。
C. 第一名北京队，第二名大连队，第三名河南队。
D. 第一名河南队，第二名北京队，第三名大连队。
E. 第一名河南队，第二名大连队，第三名北京队。

42. 2015 年公布的结果显示，全球已探明的天然气储量总计 220 亿立方米。天然气对全球能源的贡献占四分之一，以现在的消耗速率估算，天然气仅能提供 65 年的能源供给。因此，为避免遭遇无天然气可用的困境，必须开发更多的替代性能源。

以下哪项为真，最能够反驳上述结论？

A. 近年来，天然气对全球能源的贡献率正逐步下降。
B. 随着探测技术的发展，全球已探明的天然气储量大大高于以往。
C. 由于新技术的应用，能源的使用效率相比以往已经有了一定程度上的提高。
D. 鉴于现代机械的设计习惯，天然气的能源地位无可替代。
E. 太阳能等新能源技术的运用使得对天然气的消耗越来越少。

43. 寺院里丢失了一袋香火钱，方丈找到甲、乙、丙三个小和尚来询问，三个人逐一陈述，甲说："我没偷。"乙说："甲偷了。"丙说："我没偷。"在一旁的丁了解真相，并发表意见说："你们三个人中只有一个人偷了，且只有一个人说对了。"
他们三人中到底谁偷了香火钱？
A. 乙。　　　　　　　B. 丙。　　　　　　　C. 都没偷。
D. 甲。　　　　　　　E. 都偷了。

44. 一个看电视的孩子经历了一个声音和图像快速闪过屏幕的过程，其速度之快仅允许让眼睛和耳朵吸收这些过程。不像书那样可以按其愿望或快或慢地看，电视画面以过快的速度在打击而不是提高孩子的想象力。
上述推理基于以下哪项假设？
A. 当被允许选择一种形式的娱乐时，孩子宁愿看书也不愿看电视。
B. 一个孩子的想象力不能被正确地激发，除非那个孩子同时接触电视和图书。
C. 当孩子能够控制娱乐步调时，孩子的想象力能够发展得更完全。
D. 一旦孩子能够理解电视上所看到的东西时，就应当教他们如何读书。
E. 一个孩子对不同形式的感觉刺激物的反映不能被预测，因为每个孩子都是不同的。

45. 有许多美丽的人并不善良，但没有一个善良的人是不美丽的。
以下哪项不可能从上述论断中推出？
A. 没有一个不美丽的人是善良的。　　　B. 有些美丽的人是善良的。
C. 有些善良的人不是美丽的。　　　　　D. 有些善良的人是美丽的。
E. 有些不善良的人是美丽的。

46. 有100个小球，其中红球和黑球各50个。有一位魔术师能用4个黑球变出2个红球，用3个红球变出1个黑球。这位魔术师变了30次之后，黑球没有了。
此时红球还有多少个？
A. 20个。　　　　　　B. 30个。　　　　　　C. 40个。
D. 50个。　　　　　　E. 60个。

47. 任何证人的未经证实的证词都不是陪审员进行判决的依据，因为在一般情况下高度怀疑任何人没有证据的诉讼请求都是明智的。同样，陪审员们不应该根据未经证实的所有认罪供词而宣告被告有罪。
以下哪项最能支持上述观点？
A. 在那些被告在审判前撤回所有供词的案例中，陪审员们通常宣告其无罪。
B. 设置陪审团选择程序的目的就是在审判前选出那些对被告的罪行有确定观点的人。
C. 当被告确实犯罪而且相信原告有足够证据时，他有时会认罪。
D. 对于那些被控告有罪行且易被暗示的人来说，他们很难确定自己对往事的回忆，于是最终接受了对自己不利的控告。
E. 陪审员们要做的就是尽可能多地搜集证据来分辨那些证人的证词。

48. 张华、张光、张亮是同学，他们的妹妹张美、张丽、张俏也就读于同一所学校。张美说："我的哥哥和张光都是学校篮球队的队员，并且在三个人中长得最矮。"张丽说："张亮的个子比张俏哥哥的个子高。"

如果上述情况全部属实，则可以推出三对兄妹组合最有可能是以下哪项？

A. 张华和张美，张光和张丽，张亮和张俏。
B. 张华和张俏，张光和张美，张亮和张丽。
C. 张华和张丽，张光和张俏，张亮和张美。
D. 张华和张美，张光和张俏，张亮和张丽。
E. 张华和张丽，张光和张美，张亮和张俏。

49. 有一种多样式的部分可生物降解的塑料饮料容器的制造，是用像玉米淀粉这样细小的塑料降解黏合剂连接在一起的。因为只有降解黏合剂才会留下较少量的塑料，且当这样的容器被丢弃时，不会产生比当同类非生物降解的塑料饮料容器被丢弃时更多的塑料。

以下哪项如果为真，最能加强上述论证？

A. 部分可生物降解和非生物降解的塑料饮料容器都可以被垃圾压实工具完全压平。
B. 为了弥补黏合剂的降解作用，部分可生物降解塑料饮料容器比同类非生物降解的塑料饮料容器使用了更少的塑料。
C. 许多环保的消费者更愿意购买用部分可生物降解的塑料容器装置的产品而不是用非生物降解的塑料饮料容器装置的产品，即使这样选择的费用更高。
D. 部分可生物降解的塑料饮料容器的生产过程会比非生物降解的塑料饮料容器制造产生更少的塑料浪费。
E. 目前的回收技术问题防止了使用过的其他类型的塑料饮料容器重复使用制成食物或饮料的塑料容器。

50. 定于明天举办露天音乐会的承办方宣布：音乐会明天照常举办，除非预报出现坏天气或只有很少的预售票被卖出。如果音乐会被取消，票款将被安排退回给持票人。因为一些持票人的票款已经被退回，所以，尽管已经有超过预期数的预售票被卖出，也可以推定肯定预报了出现坏天气。

以下哪项准确地指出了上文推理中的逻辑错误？

A. 上文推理中把一个本身足以保证得到某一结论的前提，看成使该结论产生的唯一前提。
B. 上文推理中把一个必须具备两个前提才能成立的结论，仅仅建立在这两个前提中的其中一个上。
C. 上文推理中把一个事件解释成是由另一个事件造成的，而实际上这两个事件都是由第三个不知晓的事件造成的。
D. 上文推理用来支持结论的证据实际上降低了结论的可信度。
E. 虽然在"某个前提"下"某种情况"会发生，但是上文推理中把缺乏"某个前提"当作了"某种情况"不会发生的证据。

51. 新发现的一幅画可能出自两位十七世纪画家中的一位，要么是北德画家 Johannes Drechen，要么是和他偶尔有着类似绘画风格的法国画家 Louis Birelle。对经过雕刻的相框进行分析（该相框被认为是十七世纪的画作最初使用的相框），发现了相框所使用的木头被广泛地发现在该时期的北德地区，但是在 Birelle 生活的法国很少有这种木头。所以这意味着该画作最有可能出自 Drechen 之手。

以下哪项是该论点所需要的假设？

A. 这个相框是由绘制这幅画的画家家乡的当地木材制作而成的。
B. Drechen 不太可能去过 Birelle 在法国生活的老家。
C. 有时虽然一幅画作与其他时期的画作相似，但也没有专家能够十分确定是由谁绘制的。
D. 这幅画的画框是由画家自己选择的。
E. 这个画框的雕刻风格并不是欧洲任何特定地区的典型风格。

52. 气候变化影响了咖啡种植，咖啡危机已在酝酿。气温和降水变化会降低咖啡的产量和质量，增加病虫害压力。研究显示，气温平均升高 2℃ 会增加疾病（咖啡叶锈病）和害虫（咖啡虎天牛）的风险。事实上，大部分具有可行性的解决方案，或是代价昂贵，或是有负面后果。因而，需要研究更加经济可行的解决方案。

以下哪项如果为真，最能支持上述论证？

A. 若自己现有的咖啡作物被摧毁，生产者可能被迫种植经济价值较小的作物。
B. 咖啡的经济效应是显著的，可以加大资金投入建造遮阳系统或广泛防治病虫害。
C. 香蕉和咖啡豆间作，利用香蕉植株来提供种植咖啡豆所需要的额外资金和荫凉。
D. 即使温度变高，农民依然可以在更高的山上种植咖啡，但可能会影响森林植被。
E. 可以推广槟榔等食品作为咖啡的替代品以避免咖啡危机。

53. 某国政府在半年内两次宣布降低购房按揭贷款的利率，因此很多潜在的购房者都处于持币待购的状态，进一步观望利率能否再探新低，所以六月份新建房屋的销售量大幅下降。但是，一个值得关注的现象是，在新建房屋销售量大幅下降的同时，新建房屋销售的平均价格却在快速上升。

以下哪项如果为真，最能解释这一矛盾现象？

A. 新建高价房处于热销中，价格一路上涨，因为高价房的购买者基本不受利率波动的影响。
B. 受利率波动的影响，已购房者惜售手中的房屋，造成二手房的市场供应量不足。
C. 过去三年中，由于住房供应短缺的问题越来越严重，使得新建房屋的销售量一直在缓慢上升。
D. 受国际市场的影响，一年来该国建筑材料价格不断波动。
E. 受房地产市场的影响，一年来该国的土地转让价格不断波动。

54. 学术和科学期刊的价格飞涨迫使只供学术研究人员使用的图书馆大量消减它们的订量。有些人认为，每一种专业学科期刊的订阅应当只取决于该期刊在本学科的应用价值，而衡量其应用价值的标准则是该期刊的论文被本学科的研究人员在其发表的文章中所引用的次数。

以下哪项如果为真，对上文所描述的建议提出了最严重的质疑？

A. 一个学术或科学期刊的非专业读者群可以通过其文章在报纸和大众化的杂志上被征引的次数而准确的估算出来。
B. 有些科学（如物理学）杂志刊载的文章的平均篇幅不及某些专业学科（如历史）杂志的一半。
C. 价格越来越高的学术期刊使供大众使用的非专业性图书馆对它们的订阅越来越少。

D. 如果研究者认为某种杂志刊载的文章没有受到本学科占主流的学科带头人的高度重视，尽管这些文章对他们的研究有用，他们通常也不会引用。

E. 有些学术期刊仍然保持了原来的低价格。

55. 在评奖会上，A、B、C、D、E、F、G、H 竞争一项金奖。由一个专家小组投票，票数最多的将获得金奖。

(1) 如果 A 的票数多于 B，并且 C 的票数多于 D，那么 E 将获得金奖。
(2) 如果 B 的票数多于 A，或者 F 的票数多于 G，那么 H 将获得金奖。
(3) 如果 D 的票数多于 C，那么 F 将获得金奖。

如果上述断定都为真，并且事实上 C 的票数多于 D，并且 E 没有获得金奖，则以下哪项一定为真？

A. H 获奖。
B. F 的票数多于 G。
C. A 的票数不比 B 多。
D. F 获奖。
E. B 的票数不比 F 多。

三、写作：第 56～57 小题，每小题 20 分，共 40 分。

56. 论证有效性分析：分析下述论证中存在的缺陷和漏洞，选择若干要点，写一篇 600 字左右的文章，对该论证的有效性进行分析和评论。（论证有效性分析的一般要点是：概念特别是核心概念的界定和使用是否准确并前后一致，有无各种明显的逻辑错误，论证的论据是否支持结论，论据成立的条件是否充分等。）

瑞幸通过小鹿茶品牌的独立运营，宣告正式进军下沉市场。

谁会像风靡国外的咖啡那样，成为中国的"超级饮品"？目前来看，茶饮越来越可能成为这个问题的答案。2018年，茶饮是饮料市场增长最快的消费品类。《2019中国饮品行业趋势报告》数据显示，2018年，我国茶饮市场全面爆发，截止到2018年第三季度，全国现制茶饮门店数达到41万家，一年内增长74%。其中，新的增长主要是由于年轻消费者用茶饮料替代常规饮料和消费群体对"健康茶饮"有需求。

下沉市场的需求，给瑞幸带来了一个巨大的机会。一方面，受限于资源和管理能力，头部茶饮品牌在三、四线城市渗透率不高；另一方面，三、四线城市的茶饮市场极度分散，目前还没有一家有规模的公司。

在这种情况下，小鹿茶的创立会对茶饮市场产生巨大冲击。首先，小鹿茶是独立的品牌体系。小鹿茶不仅采用了单独打造的品牌 LOGO，还请了肖战作为新的品牌代言人。其次，小鹿茶有差异化的产品服务体系。在原有的轻食、潮流零食和周边产品之外，小鹿茶在茶饮品类上的选择会更加丰富。最后，小鹿茶有不同的运营方法。用瑞幸咖啡首席运营官刘剑的话说，"未来，瑞幸的门店仍然是一、二线城市，但小鹿茶的城市布局侧重点会有一些区别，侧重于二、三、四线城市，也就是俗称的下沉市场。"对瑞幸来说，如今万事俱备，小鹿茶存在着巨大的商机。

57. 论说文：根据下述材料，围绕"管理者如何建立影响力"写一篇论说文，600 字左右。要求观点明确，论据充足，论证严密，结构合理。

有相当一部分团队管理者和家长都会陷入一种困惑，就是自己的影响力不足，说话的时候没人听，领导无法影响员工，家长无法影响孩子。

经济类联考综合能力预测试题(一)参考答案与解析 …………………………… 1

经济类联考综合能力预测试题(二)参考答案与解析 …………………………… 14

经济类联考综合能力预测试题(三)参考答案与解析 …………………………… 24

经济类联考综合能力预测试题(四)参考答案与解析 …………………………… 35

答案速查表

预测试题(一)答案速查表

1	2	3	4	5	6	7	8	9	10
B	E	D	B	A	E	E	A	E	C
11	12	13	14	15	16	17	18	19	20
B	A	A	B	E	E	D	E	D	B
21	22	23	24	25	26	27	28	29	30
C	A	D	A	D	E	C	C	D	E
31	32	33	34	35	36	37	38	39	40
B	D	C	A	E	E	B	B	A	C
41	42	43	44	45	46	47	48	49	50
C	C	E	D	E	E	D	B	B	C
51	52	53	54	55					
B	D	C	C	A					

预测试题(二)答案速查表

1	2	3	4	5	6	7	8	9	10
C	A	B	B	C	B	E	A	C	B
11	12	13	14	15	16	17	18	19	20
C	B	E	E	D	C	D	D	B	A
21	22	23	24	25	26	27	28	29	30
C	D	E	A	C	E	D	A	B	E
31	32	33	34	35	36	37	38	39	40
C	B	A	E	D	D	E	A	C	E
41	42	43	44	45	46	47	48	49	50
C	D	E	E	A	A	A	B	D	C
51	52	53	54	55					
D	A	B	B	C					

预测试题(三)答案速查表

1	2	3	4	5	6	7	8	9	10
C	D	E	A	C	E	D	B	B	D
11	12	13	14	15	16	17	18	19	20
C	D	B	D	B	A	D	E	C	E
21	22	23	24	25	26	27	28	29	30
E	E	B	E	C	E	C	D	A	D
31	32	33	34	35	36	37	38	39	40
A	B	B	C	E	E	A	C	B	C
41	42	43	44	45	46	47	48	49	50
A	E	B	D	D	C	C	E	D	D
51	52	53	54	55					
B	A	B	E	E					

预测试题(四)答案速查表

1	2	3	4	5	6	7	8	9	10
C	C	A	E	E	B	A	E	B	D
11	12	13	14	15	16	17	18	19	20
B	C	E	C	D	D	C	C	A	B
21	22	23	24	25	26	27	28	29	30
D	E	B	A	E	B	E	A	B	C
31	32	33	34	35	36	37	38	39	40
A	B	C	D	C	B	B	E	E	A
41	42	43	44	45	46	47	48	49	50
D	B	B	C	C	C	D	D	B	A
51	52	53	54	55					
A	C	A	D	C					

经济类联考综合能力预测试题(一)参考答案与解析

一、数学基础

1. 【答案】B

   【解析】将函数整理为
   $$f(x) = \frac{px^2-2}{x+1} - 3qx + 5 = \frac{(p-3q)x^2 - (3q-5)x + 3}{x+1},$$
   若 $x \to \infty$ 时,$f(x)$ 为无穷小量,则分母 x 的最高幂次应大于分子 x 的最高幂次,即 $p - 3q = 0$ 且 $3q - 5 = 0$,解得 $p = 5, q = \frac{5}{3}$,故选择 B.

2. 【答案】E

   【解析】当 $x \to 0$ 时,$1 - \cos x$ 是比 $\tan x$ 高阶的无穷小量,$\ln(1+x^2)$ 是比 x 高阶的无穷小量,故
   $$\lim_{x \to 0} \frac{\tan x - 2(1-\cos x)}{3x + 4\ln(1+x^2)} = \lim_{x \to 0} \frac{\tan x}{3x} = \frac{1}{3},$$
   故选择 E.

3. 【答案】D

   【解析】两函数共有 3 个分段点 $x = 0, x = 1, x = 2$,其中 $x = 0, x = 2$ 均为函数 $f(x)$ 的间断点,且同为函数 $g(x)$ 的连续点,则必为 $f(x) + g(x)$ 的间断点.而函数 $f(x), g(x)$ 均在点 $x = 1$ 处连续,即 $x = 1$ 必为 $f(x) + g(x)$ 的连续点.综上分析,函数 $f(x) + g(x)$ 有两个间断点 $x = 0$ 和 $x = 2$,故选择 D.

4. 【答案】B

   【解析】$f(x)$ 在点 $x = 0$ 处连续,应有 $\lim\limits_{x \to 0} f(x) = f(0) = a$,又
   $$\lim_{x \to 0} f(x) = \lim_{x \to 0} \frac{g(x) - e^{x^2}}{x} = \lim_{x \to 0} \left[\frac{g(x) - 1}{x} + \frac{1 - e^{x^2}}{x}\right] = g'(0),$$
   因此,$a = g'(0)$,故选择 B.

5. 【答案】A

   【解析】点 $(0,0)$ 不在曲线上,应另设切点为 (x_0, y_0),则曲线在点 (x_0, y_0) 处的切线方程为
   $$y = -\frac{1}{(x_0+1)^2}(x - x_0) + \frac{1}{x_0+1},$$
   切线过点 $(0,0)$,有
   $$\frac{x_0}{(x_0+1)^2} + \frac{1}{x_0+1} = \frac{2x_0+1}{(x_0+1)^2} = 0, \text{解得 } x_0 = -\frac{1}{2},$$
   因此,满足条件的切线方程为 $y = -4x$,故选择 A.

6. 【答案】E

   【解析】**方法 1** 设 $F(x,y) = x\sin y - \cos(x-y)$,则
   $$\frac{dy}{dx} = -\frac{F'_x}{F'_y} = -\frac{\sin y + \sin(x-y)}{x\cos y - \sin(x-y)}.$$
   方法 2 方程两边对 x 求导,有
   $$\sin y + (x\cos y)y' + \sin(x-y)(1-y') = 0,$$

解得
$$\frac{\mathrm{d}y}{\mathrm{d}x} = y' = -\frac{\sin y + \sin(x-y)}{x\cos y - \sin(x-y)},$$

故选择 E.

7.【答案】E

【解析】由于 $f(x)$ 为奇函数,所以 $f(0)=0$. 于是,$f'(0) = \lim_{x\to 0}\frac{f(x)}{x}$,

$$\lim_{x\to 0}\frac{f(t\sin x)}{x} = t\lim_{x\to 0}\frac{f(t\sin x)}{t\sin x}\cdot\frac{\sin x}{x} = tf'(0),$$

从而有

$$\lim_{x\to 0}\frac{f(x)-f(t\sin x)}{x} = \lim_{x\to 0}\frac{f(x)}{x} - \lim_{x\to 0}\frac{f(t\sin x)}{x} = (1-t)f'(0),$$

故选择 E.

8.【答案】A

【解析】依题设 $\lim_{x\to a}\frac{f'(x)}{x-a}=2$,根据极限的保号性,在 $x=a$ 的附近邻域内总有 $\frac{f'(x)}{x-a}>0$,即在此邻域内当 $x>a$ 时,$f'(x)>0$,当 $x<a$ 时,$f'(x)<0$,由 $f(x)$ 在 $x=a$ 处的邻域内可导可知 $f(x)$ 在 $x=a$ 处连续. 因此,$x=a$ 为极小值点,故选择 A. 由题设不能确定 $f(x)$ 在 $x=a$ 的附近邻域内二阶导数是否存在及其符号特征,故不能确定 $(a,f(a))$ 是否为曲线 $y=f(x)$ 的拐点.

9.【答案】E

【解析】依题设,

$$\frac{f'(x)g(x)-f(x)g'(x)}{g^2(x)} = \left[\frac{f(x)}{g(x)}\right]' > 0,$$

知函数 $\frac{f(x)}{g(x)}$ 单调增加,即对任意的 $x\in(a,b)$,

$$\frac{f(a)}{g(a)} < \frac{f(x)}{g(x)} < \frac{f(b)}{g(b)},$$

因此,排除选项 A,B,D,选项 C 无法判断,选项 E 成立,故选择 E.

10.【答案】C

【解析】函数 $f(x)$ 在区间 $[0,2]$ 上可积,因此,$g(x)$ 在 $[0,2]$ 上连续,故选择 C. 另外,由于 $g(x)$ 在 $[0,2]$ 内连续,故必定有界. 又在 $[0,1)$ 内,$g'(x)=f(x)=\frac{1}{2}(1+x^2)>0$,$g(x)$ 单调递增,在 $(1,2]$ 内,$g'(x)=f(x)=\frac{1}{3}\left(\frac{1}{x}-1\right)<0$,$g(x)$ 单调递减,从而知 $g(x)$ 在 $(0,2)$ 内非单调. 并由 $g'_+(1)=0$,$g'_-(1)=1$,判定 $g(x)$ 在 $(0,2)$ 内不可导.

11.【答案】B

【解析】依题设,$F'(x)=f(x)$,从而有 $\frac{F'(x)}{F(x)}=\cos x$,对等式两边积分,得

$$\int\frac{F'(x)}{F(x)}\mathrm{d}x = \int\cos x\mathrm{d}x,\text{即 }\ln|F(x)| = \sin x + \ln C_0,$$

从而有 $F(x) = Ce^{\sin x}(C=\pm C_0)$,故选择 B.

12.【答案】A

【解析】由题设,$\int\frac{xf(\sqrt{2x^2+1})}{\sqrt{2x^2+1}}\mathrm{d}x = \frac{1}{4}\int\frac{f(\sqrt{2x^2+1})}{\sqrt{2x^2+1}}\mathrm{d}(2x^2+1) = e^{2x^2+1-2}+C$,令

$u=2x^2+1$,从而有

$$\frac{1}{4}\int\frac{f(\sqrt{u})}{\sqrt{u}}\mathrm{d}u=\mathrm{e}^{u-2}+C,\text{即有}\int\frac{f(\sqrt{x})}{\sqrt{x}}\mathrm{d}x=4\mathrm{e}^{x-2}+4C,$$

故选择 A.

13. 【答案】A

【解析】利用定积分的换元积分法、对称性及其几何背景分项计算,得

$$\int_{-a}^{a}(x-a)^2\sqrt{a^2-x^2}\mathrm{d}x$$
$$=\int_{-a}^{a}x^2\sqrt{a^2-x^2}\mathrm{d}x-\int_{-a}^{a}2ax\sqrt{a^2-x^2}\mathrm{d}x+a^2\int_{-a}^{a}\sqrt{a^2-x^2}\mathrm{d}x,$$

其中

$$\int_{-a}^{a}x^2\sqrt{a^2-x^2}\mathrm{d}x\xrightarrow{x=a\sin t}2a^4\int_{0}^{\frac{\pi}{2}}\sin^2 t\cdot\cos^2 t\mathrm{d}t=2a^4\int_{0}^{\frac{\pi}{2}}(\sin^2 t-\sin^4 t)\mathrm{d}t$$
$$=2a^4\left(\frac{1}{2}\cdot\frac{\pi}{2}-\frac{3}{4}\cdot\frac{1}{2}\cdot\frac{\pi}{2}\right)=\frac{\pi}{8}a^4,$$

$$\int_{-a}^{a}x\sqrt{a^2-x^2}\mathrm{d}x=0,\int_{-a}^{a}\sqrt{a^2-x^2}\mathrm{d}x=\frac{\pi}{2}a^2,$$

得原积分 $=\frac{5}{8}\pi a^4$,故选择 A.

【注】积分 $\int_{-a}^{a}\sqrt{a^2-x^2}\mathrm{d}x$ 的几何背景为半径为 a 的半圆面积. 在区间 $\left[0,\frac{\pi}{2}\right]$ 上有积分公式

$$\int_{0}^{\frac{\pi}{2}}\sin^{2k}x\mathrm{d}x=\frac{2k-1}{2k}\cdot\frac{2k-3}{2k-2}\cdot\cdots\cdot\frac{1}{2}\cdot\frac{\pi}{2}.$$

14. 【答案】B

【解析】定积分 $\int_{0}^{1}f(x)\mathrm{d}x$ 为常数,设为 A,于是对等式两边积分,有

$$A\int_{0}^{1}x\mathrm{e}^x\mathrm{d}x+3\int_{0}^{1}\frac{1}{1+x^2}\mathrm{d}x+A=1,$$

其中 $\int_{0}^{1}x\mathrm{e}^x\mathrm{d}x=(x\mathrm{e}^x-\mathrm{e}^x)\Big|_{0}^{1}=1,\int_{0}^{1}\frac{1}{1+x^2}\mathrm{d}x=\arctan x\Big|_{0}^{1}=\frac{\pi}{4}$,解得 $A=\frac{1}{2}-\frac{3}{8}\pi$,

即得 $\int_{0}^{1}f(x)\mathrm{d}x=\frac{1}{2}-\frac{3}{8}\pi$,故选择 B.

15. 【答案】E

【解析】由

$$\frac{\mathrm{d}}{\mathrm{d}x}\int_{x}^{x+1}f(t)\mathrm{d}t=f(x+1)-f(x)=a[(x+1)^3-x^3]+b[(x+1)^2-x^2]+c$$
$$=a(3x^2+3x+1)+b(2x+1)+c=x^2+x-1,$$

比较系数,有 $3a=1,3a+2b=1,a+b+c=-1$,解得 $a=\frac{1}{3},b=0,c=-\frac{4}{3}$,$d$ 为任意常数,故选择 E.

16. 【答案】E

【解析】在积分区间$(0,1)$内，$x^3<x^2$，$\sqrt{x}<\sqrt[3]{x}$，于是有
$$x^3\ln(1+\sqrt{x})<x^3\ln(1+\sqrt[3]{x})<x^2\ln(1+\sqrt[3]{x}),$$
从而有
$$\int_0^1 x^3\ln(1+\sqrt{x})\mathrm{d}x<\int_0^1 x^3\ln(1+\sqrt[3]{x})\mathrm{d}x<\int_0^1 x^2\ln(1+\sqrt[3]{x})\mathrm{d}x,$$
即 $R>P>Q$，故选择 E．

17. 【答案】D

【解析】注意到$g(x),f(x)$互为反函数，有$g[f(x)]=x$，对等式两边求导，得
$$f'(x)g'[f(x)]=xf'(x)=(2x+x^2)\mathrm{e}^x,\text{即}f'(x)=(2+x)\mathrm{e}^x(x\neq 0),$$
再积分，得 $f(x)=\int(2+x)\mathrm{e}^x\mathrm{d}x=(1+x)\mathrm{e}^x+C$，由$f(0)=\lim_{x\to 0^+}f(x)=0$，得$C=-1$，
因此，
$$f(x)=(x+1)\mathrm{e}^x-1,$$
故选择 D．

18. 【答案】E

【解析】等式$u(x,x^3)=1$两侧对x求偏导，$u_1'+u_2'\cdot\dfrac{\mathrm{d}y}{\mathrm{d}x}=x+3x^2u_2'=0$，解得
$$\frac{\partial u}{\partial y}=u_2'=-\frac{1}{3x},\text{故选择 E．}$$

19. 【答案】D

【解析】由
$$\frac{\partial z}{\partial x}=\frac{1}{(\sqrt[n]{x}+\sqrt[n]{y})}\left(\frac{1}{n}x^{\frac{1}{n}-1}\right)=\frac{\sqrt[n]{x}}{nx(\sqrt[n]{x}+\sqrt[n]{y})},\frac{\partial z}{\partial y}=\frac{\sqrt[n]{y}}{ny(\sqrt[n]{x}+\sqrt[n]{y})},$$
知
$$x\frac{\partial z}{\partial x}+y\frac{\partial z}{\partial y}=x\frac{\sqrt[n]{x}}{nx(\sqrt[n]{x}+\sqrt[n]{y})}+y\frac{\sqrt[n]{y}}{ny(\sqrt[n]{x}+\sqrt[n]{y})}=\frac{1}{n},$$
故选择 D．

20. 【答案】B

【解析】令 $\begin{cases}f_x'(x,y)=\left(1+\dfrac{1}{2}x+\dfrac{1}{2}y^2\right)\mathrm{e}^{\frac{1}{2}x}=0,\\ f_y'(x,y)=2y\mathrm{e}^{\frac{1}{2}x}=0,\end{cases}$ 解得驻点$(-2,0)$，

又 $f_{xx}''(-2,0)=\dfrac{1}{2\mathrm{e}},f_{xy}''(-2,0)=0,f_{yy}''(-2,0)=\dfrac{2}{\mathrm{e}},\Delta(-2,0)=-\mathrm{e}^{-2}<0$，

知$(-2,0)$是$f(x,y)$的驻点，且为极小值点，故选择 B．

21. 【答案】C

【解析】由 $\begin{cases}f_x'=3ay-3x^2=0,\\ f_y'=3ax-3y^2=0,\end{cases}$ 知(a,a)为$f(x,y)$的一个驻点．

又 $f_{xx}''(x,y)=-6x,f_{yy}''(x,y)=-6y,f_{xy}''(x,y)=3a$，

从而有 $\Delta=(3a)^2-36xy,\Delta(a,a)=-27a^2\leqslant 0,f_{xx}''(a,a)=f_{yy}''(a,a)=-6a$，

知当$a=0$时，$f(x,y)=-x^3-y^3$无极值，当$a>0$时，$f(a,a)$为极大值，当$a<0$时，$f(a,a)$为极小值，故选择 C．

22. 【答案】A

【解析】由题设,按照行列式的定义,行列式中的各项均由取自不同行不同列的元素构成,含 x^4 的项为
$$(-1)^{r(1324)} a_{11} a_{23} a_{32} a_{44} = -(3x) \times (x) \times (-x) \times (2x) = 6x^4,$$
知展开式中 x^4 的系数为 6,故选择 A.

23. 【答案】D

【解析】由
$$M_{21} + M_{22} + M_{23} + M_{24} = -A_{21} + A_{22} - A_{23} + A_{24}$$

$$= \begin{vmatrix} 1 & 1 & 1 & 1 \\ -1 & 1 & -1 & 1 \\ 1 & 2 & 3 & 1 \\ -1 & 3 & 0 & -1 \end{vmatrix} \xrightarrow[r_2+r_1]{\substack{r_3-r_1 \\ r_4+r_1}} \begin{vmatrix} 1 & 1 & 1 & 1 \\ 0 & 2 & 0 & 2 \\ 0 & 1 & 2 & 0 \\ 0 & 4 & 1 & 0 \end{vmatrix}$$

$$= 2\begin{vmatrix} 1 & 0 & 1 \\ 1 & 2 & 0 \\ 4 & 1 & 0 \end{vmatrix} = 2\begin{vmatrix} 1 & 2 \\ 4 & 1 \end{vmatrix} = -14,$$

故选择 D.

24. 【答案】A

【解析】由题设,
$$\begin{pmatrix} a & 1 & -1 \\ 2 & 0 & 1 \\ 0 & 4 & 1 \end{pmatrix} \begin{pmatrix} 3 \\ a \\ -4 \end{pmatrix} = \begin{pmatrix} 4a+4 \\ 2 \\ 4a-4 \end{pmatrix} = \begin{pmatrix} kb \\ k \\ 2bk \end{pmatrix},\text{得方程组}\begin{cases} 4a+4 = kb, \\ k = 2, \\ 4a-4 = 2bk, \end{cases}$$

解得 $a = -3, b = -4, k = 2$,故选择 A.

25. 【答案】D

【解析】由 $ACB = E$,知 A, B, C 可逆,且有 $C = A^{-1}B^{-1}$,因此
$$C^{-1} = (A^{-1}B^{-1})^{-1} = (B^{-1})^{-1}(A^{-1})^{-1} = BA$$

$$= \begin{pmatrix} 2 & 1 & 0 \\ -1 & 1 & 2 \\ 2 & 0 & 3 \end{pmatrix} \begin{pmatrix} 2 & 1 & 0 \\ -1 & 3 & 2 \\ 2 & -5 & 3 \end{pmatrix} = \begin{pmatrix} 3 & 5 & 2 \\ 1 & -8 & 8 \\ 10 & -13 & 9 \end{pmatrix},$$

故选择 D.

26. 【答案】E

【解析】选项 A 中,$(\boldsymbol{\alpha}_1 - \boldsymbol{\alpha}_2, \boldsymbol{\alpha}_2 + \boldsymbol{\alpha}_3, 2\boldsymbol{\alpha}_1 - \boldsymbol{\alpha}_2 - \boldsymbol{\alpha}_3) = (\boldsymbol{\alpha}_1, \boldsymbol{\alpha}_2, \boldsymbol{\alpha}_3)\begin{pmatrix} 1 & 0 & 2 \\ -1 & 1 & -1 \\ 0 & 1 & -1 \end{pmatrix}$,

其转换矩阵的行列式 $\begin{vmatrix} 1 & 0 & 2 \\ -1 & 1 & -1 \\ 0 & 1 & -1 \end{vmatrix} = -1 - 2 + 1 = -2 \neq 0$,知对应向量组线性无关.

类似地,其余选项的转换矩阵的行列式依次为

$\begin{vmatrix} 1 & 1 & 1 \\ 0 & 1 & 1 \\ 0 & 0 & 1 \end{vmatrix} = 1 \neq 0, \begin{vmatrix} 1 & 0 & 2 \\ -2 & 1 & 0 \\ 0 & -2 & 1 \end{vmatrix} = 9 \neq 0, \begin{vmatrix} 1 & 0 & 1 \\ 1 & 1 & 0 \\ 0 & 1 & 1 \end{vmatrix} = 2 \neq 0, \begin{vmatrix} 1 & 0 & 1 \\ -1 & 1 & 0 \\ 2 & -1 & 1 \end{vmatrix} = 0,$

知选项 B,C,D 对应向量组线性无关,选项 E 对应向量组线性相关,故选择 E.

27. 【答案】C

【解析】若记 $\boldsymbol{\alpha}_1=(1,a,0,0)^T,\boldsymbol{\alpha}_2=(0,1,a,0)^T,\boldsymbol{\alpha}_3=(0,0,1,a)^T,\boldsymbol{\alpha}_4=(a,0,0,1)^T$,$\boldsymbol{\beta}=(b_1,b_2,b_3,b_4)^T$,方程组总有解,等价于在 4 维向量空间中,任意一个 4 维向量均可以被向量组 $\boldsymbol{\alpha}_1,\boldsymbol{\alpha}_2,\boldsymbol{\alpha}_3,\boldsymbol{\alpha}_4$ 线性表示,因此,$\boldsymbol{\alpha}_1,\boldsymbol{\alpha}_2,\boldsymbol{\alpha}_3,\boldsymbol{\alpha}_4$ 构成一个极大线性无关组,必有

$$|\boldsymbol{\alpha}_1,\boldsymbol{\alpha}_2,\boldsymbol{\alpha}_3,\boldsymbol{\alpha}_4|=\begin{vmatrix}1&0&0&a\\a&1&0&0\\0&a&1&0\\0&0&a&1\end{vmatrix}=1-a^4\neq 0,得 a\neq\pm 1,故选择 C.$$

28. 【答案】C

【解析】线性无关向量组 $I:\boldsymbol{\alpha}_1,\boldsymbol{\alpha}_2,\cdots,\boldsymbol{\alpha}_r$ 可由向量组 $II:\boldsymbol{\beta}_1,\boldsymbol{\beta}_2,\cdots,\boldsymbol{\beta}_s$ 线性表示,则无论向量组 II 是否线性相关,都必须有 $r\leq s$,否则,若 $r>s$,即向量组 I 被一个个数少的向量组线性表示,向量组 I 必线性相关,与题设矛盾,故选择 C.

29. 【答案】D

【解析】$P\{X=1\}=F(1)-F(1-0)=1-e^{-1}-\dfrac{1}{3}=\dfrac{2}{3}-e^{-1}$,故选择 D.

30. 【答案】E

【解析】设 X 为一周内等车时间不超过 5 分钟的次数,每天到达车站的时间 T 服从区间 $[0,15]$ 上的均匀分布,于是,每次等车时间不超过 5 分钟的概率为 $p=P\{10\leq X<15\}=\dfrac{5}{15}=\dfrac{1}{3}$,从而知,$X\sim B\left(7,\dfrac{1}{3}\right)$,所求概率应为 $P\{X=5\}=C_7^5\left(\dfrac{1}{3}\right)^5\left(\dfrac{2}{3}\right)^2=\dfrac{28}{729}$,故选择 E.

31. 【答案】B

【解析】Y 的可能取值为 0,1,且

$$P\{Y=1\}=P\{\min\{X_1,X_2\}=1\}=P\{X_1=1,X_2=1\}$$
$$=P\{X_1=1\}\cdot P\{X_2=1\}=\dfrac{9}{16},$$
$$P\{Y=0\}=1-P\{Y=1\}=1-\dfrac{9}{16}=\dfrac{7}{16},$$

因此,Y 的分布律为

Y	0	1
P	$\dfrac{7}{16}$	$\dfrac{9}{16}$

故选择 B.

32. 【答案】D

【解析】题中有两个完备事件组:一是箱中次品的个数可能为 0,1,2;二是通过验收是在正确判断或错误判断的两种情况下发生.设 $A_i(i=0,1,2)$ 为箱中有 i 个次品,B 为通过验收,B_1 为抽取正品,于是有

$$P(A_i) = \frac{1}{3}(i=0,1,2), P(B_1|A_i) = \frac{10-i}{10},$$

从而有

$$P(B_1) = P(B_1A_0 + B_1A_1 + B_1A_2) = \frac{1}{3}\sum_{i=0}^{2}\frac{10-i}{10} = 0.9, P(\overline{B_1}) = 0.1,$$

因此

$$P(B) = P(BB_1 + B\overline{B_1}) = P(B_1)P(B|B_1) + P(\overline{B_1})P(B|\overline{B_1})$$
$$= 0.9 \times 0.98 + 0.1 \times 0.05 = 0.887,$$

故选择 D.

33. 【答案】C

【解析】如图，随机变量 (X,Y) 服从由直线 $y=0, y=1$, $x=0, x=2$ 围成的矩形区域上的均匀分布，概率 $P\{Y < \frac{1}{2}X\}, P\{\frac{1}{2}X \leq Y < 2X\}, P\{Y \geq 2X\}$ 分别等于各自划定区域与矩形区域的面积比，可得 Z 的分布律，即

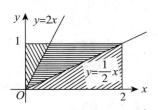

$$P\{Z=-1\} = \frac{1}{2} \times \frac{1}{2} \times 1 \times 2 = \frac{1}{2}, P\{Z=3\} = \frac{1}{2} \times \frac{1}{2} \times \frac{1}{2} \times 1 = \frac{1}{8},$$

$$P\{Z=1\} = 1 - \frac{1}{8} - \frac{1}{2} = \frac{3}{8},$$

得

Z	-1	1	3
P	$\frac{1}{2}$	$\frac{3}{8}$	$\frac{1}{8}$

从而有 $EZ = -1 \times \frac{1}{2} + 1 \times \frac{3}{8} + 3 \times \frac{1}{8} = \frac{1}{4} = 0.25$，故选择 C.

34. 【答案】A

【解析】对于连续型随机变量 X 而言，在定点的概率为零，又 $F(x) \geq 0$，因此，总有 $P\{X=x\} \leq F(x)$；根据连续型随机变量的分布函数的性质，$F^2(x)$ 和 $F^3(x)$ 在 $(-\infty,+\infty)$ 内连续，单调不减，且 $F^2(-\infty) = 0, F^3(-\infty) = 0, F^2(+\infty) = 1$, $F^3(+\infty) = 1, 0 \leq F^2(x), F^3(x) \leq 1$，知 $F^2(x)$ 和 $F^3(x)$ 是某连续型随机变量的分布函数；又由 $2F(x)\varphi(x) \geq 0, \int_{-\infty}^{+\infty} 2F(x)\varphi(x)dx = F^2(x)\Big|_{-\infty}^{+\infty} = 1$，知 $2F(x)\varphi(x)$ 是某连续型随机变量的概率密度，从而确定选项 B,C,D,E 正确. 由排除法，选项 A 不正确，故选择 A.

35. 【答案】E

【解析】由概率密度的性质，$\int_{-\infty}^{+\infty} f(x)dx = \int_{-1}^{1} \frac{A}{\sqrt{1-x^2}}dx = 2A\arcsin x\Big|_0^1 = A\pi = 1$,

得 $A = \frac{1}{\pi}$，即知 $f(x) = \begin{cases} \frac{1}{\pi\sqrt{1-x^2}}, & -1 < x < 1, \\ 0, & \text{其他}, \end{cases}$

因此，

$$EX^2 = \int_{-1}^{1} \frac{x^2}{\pi\sqrt{1-x^2}} dx \xrightarrow{x=\sin t} \frac{2}{\pi}\int_{0}^{\frac{\pi}{2}} \frac{\sin^2 t}{\cos t}\cos t dt = \frac{2}{\pi}\int_{0}^{\frac{\pi}{2}}\sin^2 t dt = \frac{2}{\pi} \cdot \frac{1}{2} \cdot \frac{\pi}{2} = \frac{1}{2},$$

故选择 E.

二、逻辑推理

36. 【答案】E

    【解析】题干中的断定可以刻画为"企业不断扩展其规模→战略型人才梯队→吸纳人才和培养人才"，E项可以刻画为"扩展其规模∧¬（吸纳人才）"，其与题干构成矛盾命题。

37. 【答案】B

    【解析】刻画题干：（1）提高美誉度→提高知名度；（2）知名度产生积极效应→有美誉度；（3）美誉度显示社会价值→有知名度。B项是条件（1）的逆否命题。

38. 【答案】B

    【解析】题干的"五岳归来不看山"属于不完全归纳推理，认为五岳比其他山的风景都优美，但是从常识的角度来看，人不可能将所有的山都观看到。B项的"桂林山水甲天下"是指桂林的山水风景优于天下所有的风景，也属于不完全归纳推理。A项运用了夸张的修辞手法，D项运用了比喻的修辞手法，没有进行推理，排除；C项讲的是经验总结"如果稻花开的好，则会有丰收"；E项属于完全归纳推理。

39. 【答案】A

    【解析】本题宜采用排除法。B项不符合题干最后一句；C、D、E三项都无法在题干中找到依据。

40. 【答案】C

    【解析】题干论点是不必担心蚊子叮咬会传播HIV病毒。A项并未提到蚊子，也未提到传播病毒的事情，属于无关项，排除。B项即使为真，也不能说明传染风险不存在。D项说的"孩子"仅是部分人群，故支持程度较弱。C项直接说明蚊子吸人血液是单向的，说明感染了HIV病毒的人的血液并不会进入下一个人的体内，也就是无法进行传播，最能支持论点。E项为削弱项。

41. 【答案】C

    【解析】C项支持机构的行动将会产生预期的影响，那些有兴趣保护白鲑的垂钓者将可能进行举报，从而使机构可以跟踪梅花鲈。

    A、D两项是无关项，对小卡片是否可以帮助机构追踪梅花鲈没有影响。B项说明机构的举措没有意义，是削弱项。E项如果为真，将降低垂钓者捕捉到梅花鲈的机会，举报就会很少，进而使机构更加难以追踪梅花鲈。

42. 【答案】C

    【解析】已知"每个人的去向都有人说对"，唯一提到一次的有"小王去了百度""小张去了阿里"，根据排除法，答案选择C项。

43. 【答案】E

    【解析】刻画题干：（1）能干→关心；（2）¬开明→¬支持；（3）有的关心→开明；

（4）有的支持→¬能干。

A项推不出，条件（1）换位后可以得到：有的关心→能干。这个命题与条件（3）都是特称命题，无法推出必然性结论。

B项推不出，根据条件（2）的逆否命题，可得：支持→开明。将其换位后得到：有的开明→支持。再将条件（3）换位，可得：有的开明→关心。这两个特称命题无法推出必然性结论。

C项推不出，条件（2）可以转化为"支持→开明"，条件（4）可以换位为"有的¬能干→支持"，从而可以推出：有的¬能干→支持→开明。这个特称命题无法逆否，因而推不出C项。

D项推不出，将D项换位得到"有的支持→关心"，它与B项构成下反对关系，B项的真假无法确定，故该命题也无法确定真假。

E项能推出，根据条件（2）的逆否命题，可得：支持→开明。

44.【答案】D

【解析】考虑如下可能性：答对两道题，答错两道题，还有两道题不答，此时恰好得了20分，A、B、C、E四项都可以排除。

45.【答案】E

【解析】题干利用求同法，列举了两个人的两种类似之处，由此指出这两种类似之间有因果关系，E项与此相同。其他各项推出来的结论都不是因果关系。

46.【答案】E

【解析】刻画题干：（1）甲∨乙；（2）¬乙∨¬丙；（3）丁→丙∧戊；（4）至少派三人。

若不派出甲，根据条件（1）可得：必然派出乙。根据条件（2）可得：不派出丙。又根据条件（3）可得：不派出丁。此时只能派出两人，与条件（4）矛盾，故甲是一定要派出的。

若不派出戊，根据条件（3）可得：不派出丁。又由于乙、丙两人中至多能派出一人，那么此时会有三人不派出，与条件（4）相矛盾，故戊是一定要派出的。

47.【答案】D

【解析】A项不选，因为较低的差价不能很好地解释为什么缺席率相差三十倍。B项与缺席率的比较无关。C项说明购买套票的人缺席并不浪费成本，支持了题干的解释，但不符合问题的要求"做另一种解释"。D项正确，如果买单场门票的人的购买决定更有针对性，那么他们的缺席率就会更低，而购买套票的人没有这种针对性，所以总体缺席率就上升了。E项与缺席率无关。

48.【答案】B

【解析】B项如果为真，说明"15%"的基数应该是"怀疑亲子关系的爸爸"，而不是"所有的爸爸"，因此某报的标题有以偏概全之嫌，全体市民中"替别人养孩子的爸爸"的比例应该远远小于15%。A项不能削弱，因为亲子鉴定的结果完全有可能代表整体状况。

49.【答案】B

【解析】注意问题中的相反陷阱。

（1）由于L病和O病由同一个医生治，而医生甲只能治一种病，所以医生甲不能治 L 病和 O 病。(2) 由于医生丙不能治 O 病, 而 L 病和 O 病由同一个医生治, 所以医生丙不能治 L 病。

根据 (1) 和 (2), 由于医生甲和丙都不能治 L 病和 O 病, 所以只能由医生乙治 L 病和 O 病。所以选项 B 所描述的内容是假的, 其余选项都是真的。

根据 (1), 选项 A 是真的。根据 (2), 选项 C 是真的。根据 (1) 可知医生甲能治 M 病或 N 病, 根据 (2) 可知医生丙也能治 M 病或 N 病, 这样便无法判定医生甲和丙哪一位能治 M 病、哪一位能治 N 病。所以, 选项 D 和 E 都是真的。

50. 【答案】C

【解析】C 项为真说明进入大脑的情绪既有真实的也有不真实的, 由于"面部表情是心情的窗口", 故真假情绪都会影响到面部表情, 因而通过观察面部表情可能无法分辨谎言。C 项会将考生注意力转移到"通过不同的方式"上, 想不明白这与观察分辨说谎有什么关系。其实, 这的确没有关系, 无需关注。A 项是无关项; B 项说的是"极少数人", 无法质疑题干结论的"有可能"; D 项不能说明这种识别是无效的; E 项是支持项。所以, 本题也可以用排除法得到答案。

51. 【答案】B

【解析】由 (1) 可知: 甲和丙均不是歌唱家, 排除 A、C 两项。

由 (2) 可知: 乙既不是作家也不是画家, 排除 D 项。

由 (3) 可知: 甲和丁均不是作家, 排除 E 项。

注意, 做题时如果用代入法排除掉了所有选项, 则要考虑画家也可以画自画像, 作家也可以写自传这种情况。

52. 【答案】D

【解析】本题论点: 哭泣对所有人都很重要, 它不仅能宣泄情绪, 还是人体自我保护的方式。D 项通过对比哭泣与服用抗抑郁药, 指出哭泣能起到更好的作用, 加强了论证。

53. 【答案】C

【解析】题干中强调"奢侈品品牌通常会根据不同的市场期望值制定出欧洲、北美洲、亚洲 3 个不同的零售价格区域", 选项中涉及期望值的只有 C 项。

54. 【答案】C

【解析】由于乡村居民购买彩票中奖的消息是由公共告示栏公布的, 这就使得他们中彩的消息广为人知, 结果不得不举行盛大宴会和邻居以及亲朋好友共享好运气。而城市居民购买彩票中奖的消息是由私人邮件通知的, 这就使得他们中彩的消息基本不扩散, 从而可以按照自己的意愿处理奖金。

A 项是无关项, 因为中彩者未必需要请居住地的所有人。D 项只能解释乡村居民请客花费多, 但解释不了为何城市居民庆祝规模小。

55. 【答案】A

【解析】题干论据是二氧化硫和二氧化氮是形成酸雨的主要物质, 结论是减少煤和石油的使用可以防治酸雨。A 项直接指出煤和石油的燃烧可以产生大量的二氧化硫和二氧化氮, 加强了论证; B 项违背题干, 因为题干已经指出, 种酸是由二氧化硫和二氧化氮结合氧化剂形成的; D 项违背题干, 题干没有谈到二氧化硫和二氧化氮的结合，况且，如果大气中的二氧化硫和二氧化氮的含量本来就很少，那么这对于酸雨的防治几乎没有影响；C、E两项都是无关项。

三、写作

56.【解析】 题干材料存在的主要逻辑漏洞有：

（1）就算阅卷具有偶然性，但阅卷标准的存在也使得分的高低具有必然性。不能因为偶然性事件可能发生，就认为它必然发生，更不能以"文无第一"否定对于考生相对水准的判定。要想证明在写作科目上做的努力是徒劳无功的，必须假设阅卷者完全不理睬或者无法衡量考生的写作水平，这个假设是很难成立的。

（2）很可能是没有提前准备写作科目的复习，或者是备考方法不正确，导致了得分拉不开差距，而不能认为是得分拉不开差距导致了不需要提前准备写作科目的复习。

（3）并不是只有满分才叫高分。就算写作高分考生未必能在整个考试中胜出，这最多证明他在写作科目上的优势无法弥补其他科目的劣势，却无法证明写作这个科目不需要有优势。写作科目的备考与其他科目的备考并不是冲突的。

（4）逻辑错误的类型不多，不等于在考场上能够准确找到；就算能找到，也不等于能够进行合理分析，这些都不是模板所能保障的。

（5）论说文题目灵活多变，但是通过分析思路可以找到共性，即便遇到新的题目，也不能认为之前的努力是无效的。准备的通用例子未必能够契合考试要求，当其他考生能够结合题干进行分析的时候，这种做法就会显示出劣势。

（6）研究生入学考试是选拔性考试，大部分人会被淘汰，某个科目得到平均分，往往意味着该科目的测试并没有合格。所以，拿到平均分不等于符合选拔要求。况且，平均分也未必能代表考生群体真实分数的分布，或许平均分很难得到，要么得分很低，要么得分很高。

（7）就算写作不需要花太多时间，也不等于可以不必提前准备。花费同样的时间，提前准备和临时抱佛脚，其效果很可能是大相径庭的。

指出其他逻辑错误，只要言之成理，也可得分。

备注：这道题的命题取材自考生的日常认知。看待问题，有时候从反面去思考，是更有助于看清问题全貌的，而备考所学的论证有效性分析就带给了考生这样一种思考路径，因此命制这道题也是希望考生能够更好地认识到训练论证有效性分析的现实意义，在考完之后也能运用这种方式批判和检讨自己既有的观念，更好地改善认知，这就是"终身学习"的起点。同时，这道题放在四套卷之首，也希望能借此修正考生中普遍存在的一些对写作科目的错误认知，端正备考态度，抓住冲刺阶段的机会，切实提升自己的写作能力，这才是真正的备考。

57.【解析】 思考角度提示：

（1）概括观点：公平诚可贵，效率价更高。

（2）如果过分注重公平，放宽院校要求后耗费更多时间、金钱招聘，选出来的大多数仍是名校毕业生，那么多耗费的成本没有得到相同比例的回报，这是不可取的。因此，应该力求效率，早早把目标锁定在名校毕业生里，这不仅能避免精英被竞争对手挖走，同时还能节约招聘部门与应聘者的时间和精力成本。

（3）值得注意的是，名校毕业生的忠诚度可能不如普通院校毕业生，如果没有相关措施，则可能会增加人才流动率，长期来看反而会增加企业成本。

（4）为避免出现上述情况，企业应该做到以下几点：①签订劳务合同时要明确最短工作期限和违约金的具体数额，让应聘者在入职前做好至少工作多久的准备；②在人才培养过程中，应对表现优异者给予薪资报酬和晋升机会，保持本公司对员工的长期吸引力；③通过团建等活动培养员工的归属感与忠诚度。

（5）总的来说，名企招聘考虑效率应优于考虑公平，但对于易流失人才要采取相关激励措施，以减少公司长期成本。

扩展思考：

公平指的是一种合理的社会状态，它包括社会成员之间的权利公平、机会公平、过程公平和结果公平。

所谓权利公平，是指公民的权利不因职业和职位的差别而有所不同，其合法的生存、居住、迁移、教育、就业等权利得到同等的保障与尊重。所谓机会公平，是指公民能普遍地参与社会发展并分享由此而带来的成果。所谓过程公平，是指公民参与经济、政治和社会等各项活动的规则一视同仁，过程透明。所谓结果公平，则主要是指在分配上兼顾全体公民的利益，防止过于悬殊的两极分化。

公平不等于平均主义。公平说的是公平的竞争、公平的机会。

效率是指稀缺资源在社会各部门之间的合理配置和优化组合。效率与公平具有一致性。一方面，效率是公平的物质前提。社会公平只有在发展生产力、提高经济效率、增加社会财富的基础上才有可能逐步实现。没有效率作为前提和基础的公平，只能导致平均主义和普遍贫穷。另一方面，公平是提高经济效率的保证。只有维护公平分配的权利，才能激发社会成员的积极性。

所谓公平，只能是部分规则的公平，不能是结果的公平。在分配财富时，既要每个人"一分耕耘，一分收获"的机会均等、合法权利得到保障的公平，又要允许收入拉开差距，同时也要防止两极分化的公平。

为什么说效率是公平的前提？效率就是创造财富，公平就是分配财富。如果连面包都没有，都饿着肚子，大家就谈不上公平。只有有了面包，才可能出现如何分配给每个人面包的问题。也就是说，只有效率提高到一定的程度产生了剩余物品之后，才会出现公平问题。在效率低下，还没有产生剩余物品时，谈论公平就失去了意义。

为什么说公平促进效率？收入分配是否公平，对经济效率是否提高会产生重大影响，而分配公平、合理能够使各个阶层的劳动者充分发挥主动性、积极性和创造性，能够促使社会稳定发展，从而全面促进劳动效率的提高。然而，严重的分配不公，无论是平均主义的分配方式，还是收入差距过大乃至产生了两极分化，都会降低劳动者的积极性，增加社会的不稳定因素，甚至发生社会动荡，影响效率。

很多公平的规则背后都是对于效率的考量，只有能够促进社会进步和财富积累的规则才是好的规则。

人民日报观点：统筹兼顾效率与公平

经济增长和收入分配的关系，是公平与效率关系的集中表现。"效率"在经济方面主要体现为经济增长，"公平"在经济方面主要体现为收入分配。经济增长过程中的收入差距拉大，是世界各国共同具有的普遍现象。从国际经验来看，经济高速增长阶段通常伴随着收入差距拉大，但收入分配格局并不会随着经济的进一步增长而自动改善。

对即将全面建成小康社会的中国来说，应立足当下、面向未来，在充分汲取发达国家经验和教训的基础上，正确处理经济增长与收入分配的关系。

首先，要认识到经济增长与收入分配二者是相辅相成的关系。一定的经济增长速度是改善收入分配的必要前提。改善收入分配状况，特别是通过二次分配，需要雄厚的财政资金作为支撑。保持一定的经济增长速度是财政收入稳步增长的前提，一定的经济增长速度也是确保就业率的必要前提。收入分配差距过大，一方面，不利于形成较大规模的中产阶层，从而无法形成拉动经济增长的稳固内需；另一方面，也不利于整个社会凝聚力的提高，甚至有可能使民粹主义思潮抬头，过度福利化会拖累可持续的经济增长，导致社会陷入"中等收入陷阱"的泥淖。

其次，应当在经济新常态、经济结构转型、人口结构老龄化等大背景下，来思考经济增长与收入分配的关系。中国经济面临的一个挑战，是经济结构转型与人口结构老龄化同步发生。从长期来看，经济结构转型是保证经济可持续增长的必要条件，但短期内可能会影响经济增长速度。从发达国家的经验来看，在进行结构转型的过程中，采取激励创新政策来应对可能的经济增长放缓十分重要。

再次，应积极推动财税体制改革，逐步提高直接税在整个财税收入中的比重，充分发挥财税制度在调节收入分配方面的作用。理论和实践都表明，直接税与累进制相结合，能够更好地调节收入分配、缩小贫富差距。因此，一方面要继续提高现有直接税的比重，另一方面应积极研究开征其他财产税等新税种的必要性和可行性。

最后，应建立与完善的市场经济相适应的社会保障制度。一方面，应明确社会保障制度只是保障最基本的医疗、养老待遇，更高层次的保障水平则交由商业保险来负责；另一方面，在整个社会保障体制中，要充分贯彻"政府购买服务"的原则，凡是能够通过购买服务的方式提供公共服务的，一律以购买服务的方式进行。

改善收入分配并非一朝一夕之功，在保持中高速经济增长的同时不断缩小贫富差距，是智慧的考量。

备注：由于"文无定法"，故论说文部分的解析只给出思考角度提示，而不提供"范文"，否则考生将无法判断写得与范文不一致是否还能得到高分。

经济类联考综合能力预测试题（二）参考答案与解析

一、数学基础

1. 【答案】C

   【解析】当 $x \to 0$ 时，$(1-\cos^2 x)\tan^3 x \sim x^5$，$x\ln(1+x^n) \sim x^{n+1}$，$1-e^{x^3} \sim -x^3$，依题意有 $5 > n+1 > 3$，得 $n=3$，故选择 C.

2. 【答案】A

   【解析】依题设，$\lim\limits_{x \to +\infty} f(x)$ 存在，从而知 $\lim\limits_{x \to +\infty}[3f^2(x)-4]$ 存在，进而知 $\lim\limits_{x \to +\infty} xf(x)$ 存在，因此，必有 $\lim\limits_{x \to +\infty} f(x) = 0$，$\lim\limits_{x \to +\infty} xf(x) = 3[\lim\limits_{x \to +\infty} f(x)]^2 - 4 = -4$，故选择 A.

3. 【答案】B

   【解析】$f(x)+e^{2x}$ 为在同一个点 $x=x_0$ 处分别间断和连续的两个函数之和，必定在该点处间断，故选择 B. 另外，$f(x)$ 与一个以 $x=x_0$ 为零点的函数相乘，$f(x)$ 取绝对值，以及两个在同一点间断的函数相乘或相加都可能会改变其在该点处的连续性.

4. 【答案】B

   【解析】当 $x \to 0$ 时，$-\frac{1}{x^2} \to -\infty$，有 $f(x) = e^{-\frac{1}{x^2}} \to 0$，即 $\lim\limits_{x \to 0} f(x) = f(0)$，函数 $f(x)$ 在 $x=0$ 处连续. 又

   $$\lim_{x \to 0} \frac{e^{-\frac{1}{x^2}} - 0}{x} \xrightarrow{u=\frac{1}{x}} \lim_{u \to \infty} \frac{u}{e^{u^2}} = 0, \text{知 } f'(0) = 0, \text{且 } f'(x) = \begin{cases} \frac{2}{x^3} e^{-\frac{1}{x^2}}, & x \neq 0, \\ 0, & x = 0, \end{cases}$$

   进而有

   $$\lim_{x \to 0} \frac{\frac{2}{x^3} e^{-\frac{1}{x^2}} - 0}{x} \xrightarrow{v=\frac{1}{x^2}} \lim_{v \to +\infty} \frac{2v^2}{e^v} = 0,$$

   知 $f''(0) = 0$. 另外，当 $x \neq 0$ 时，总有 $f(x) = e^{-\frac{1}{x^2}} > 0$，知 $f(x)$ 在 $x=0$ 处取极小值. 故选择 B.

5. 【答案】C

   【解析】依题设，$f(0) = 0$，$f'(0) = \left(\int_0^{\arctan x} e^{-t^2} dt\right)' \bigg|_{x=0} = \frac{1}{1+x^2} e^{-(\arctan x)^2} \bigg|_{x=0} = 1$，

   于是，$\lim\limits_{n \to \infty} nf\left(\frac{1}{2n}\right) = \frac{1}{2} \lim\limits_{n \to \infty} \frac{f\left(\frac{1}{2n}\right)}{\frac{1}{2n}} = \frac{1}{2} f'(0) = \frac{1}{2}$，故选择 C.

6. 【答案】B

   【解析】由 $\lim\limits_{x \to -1} \frac{f(x) - f(-1)}{x - (-1)} = \lim\limits_{x \to -1} \frac{f(x)}{x - (-1)} = \lim\limits_{x \to -1} x(x+2)(x+3)\cdots(x+11) = -10!$，所以有 $f'(-1) = -10!$，故选择 B.

7. 【答案】E

   【解析】当 $x = \frac{\pi}{2}$ 时，有 $\left[2\sin\frac{\pi}{2}\right]^{y-1} = \left(\frac{y}{2}\right)^0 = 1$，得 $y=1$.

   方程两边取对数，得 $(y-1)\ln(2\sin x) = \cos x \cdot \ln\frac{y}{2}$，两边对 x 求导，有

$$y'\ln(2\sin x)+(y-1)\frac{\cos x}{\sin x}=-\sin x\ln\frac{y}{2}+\frac{y'}{y}\cos x,$$

将 $x=\frac{\pi}{2}, y=1$ 代入上式，解得 $y'=1$，则 $\mathrm{d}y\Big|_{x=\frac{\pi}{2}}=\mathrm{d}x$，故选择 E.

8.【答案】 A

【解析】 依题设，$f'(x_0)=0$，将 x_0 代入等式，有 $x_0 f''(x_0)=\ln(1+x_0)$，$f''(x_0)=\dfrac{\ln(1+x_0)}{x_0}$，由于 $x_0>-1$ 且 $x_0\neq 0$，则无论 x_0 正负，$\ln(1+x_0)$ 与 x_0 均同号，即有 $f''(x_0)>0$，知 $f(x_0)$ 为极小值，同时可以确定 $(x_0,f(x_0))$ 非曲线 $y=f(x)$ 的拐点，故选择 A.

9.【答案】 C

【解析】 仅由一个点的导数符号不能确定函数在该点邻域内的单调性，因此，选项 A,B 均不正确，根据导数定义 $f'(0)=\lim\limits_{x\to 0}\dfrac{f(x)-f(0)}{x}>0$，由极限的保号性知，必存在 $\delta>0$，在区间 $(-\delta,0),(0,\delta)$ 内，有 $\dfrac{f(x)-f(0)}{x}>0$，从而知，在区间 $(0,\delta)$ 内，$f(x)-f(0)$ 与 x 同号，即总有 $f(x)>f(0)$，故选择 C.

10.【答案】 B

【解析】 从图可以看到，导函数 $f'(x)$ 的图形与 x 轴有 4 个交点，其中有 3 个交点两侧 $f'(x)$ 异号，此外，在 $x=0$ 处，其左侧 $f'(x)>0$，右侧 $f'(x)<0$，又 $f(x)$ 在 $x=0$ 处连续，故 $x=0$ 是 $f(x)$ 的极大值点. 因此，$f(x)$ 有 4 个极值点. 又曲线 $f'(x)$ 有 3 个单调区间的分界点，因此，曲线 $y=f(x)$ 有 3 个拐点，故选择 B.

11.【答案】 C

【解析】 设 $F(x)$ 为 $f(x)$ 的一个原函数，则有

$$M=\lim_{h\to 0}\frac{1}{h}[F(x+h)-F(a+h)-F(x)+F(a)]$$
$$=\lim_{h\to 0}\left[\frac{F(x+h)-F(x)}{h}-\frac{F(a+h)-F(a)}{h}\right]$$
$$=f(x)-f(a),$$

即 $M=N$，故选择 C.

12.【答案】 B

【解析】 $\displaystyle\int\frac{\mathrm{d}x}{1-\sin x}=\int\frac{1+\sin x}{1-\sin^2 x}\mathrm{d}x=\int\frac{1}{\cos^2 x}\mathrm{d}x-\int\frac{1}{\cos^2 x}\mathrm{d}(\cos x)=\tan x+\frac{1}{\cos x}+C,$

故选择 B.

13.【答案】 E

【解析】 利用定积分的换元积分法，有

$$\int_0^{\frac{\pi}{2}}\frac{1}{1+(\tan x)^\lambda}\mathrm{d}x\xrightarrow{u=\frac{\pi}{2}-x}\int_0^{\frac{\pi}{2}}\frac{1}{1+(\cot u)^\lambda}\mathrm{d}u$$
$$=\int_0^{\frac{\pi}{2}}\frac{(\tan u)^\lambda}{1+(\tan u)^\lambda}\mathrm{d}u=\int_0^{\frac{\pi}{2}}\frac{(\tan x)^\lambda}{1+(\tan x)^\lambda}\mathrm{d}x,$$

于是，对任意实数 λ，总有

$$2\int_0^{\frac{\pi}{2}}\frac{1}{1+(\tan x)^\lambda}\mathrm{d}x=\int_0^{\frac{\pi}{2}}\left[\frac{1}{1+(\tan x)^\lambda}+\frac{1}{1+(\cot x)^\lambda}\right]\mathrm{d}x$$

$$= \int_0^{\frac{\pi}{2}} \frac{1 + (\tan x)^\lambda}{1 + (\tan x)^\lambda} dx = \frac{\pi}{2},$$

则 $\int_0^{\frac{\pi}{2}} \frac{1}{1 + (\tan x)^\lambda} dx = \frac{\pi}{4}$. 故选择 E.

14. 【答案】E

   【解析】这是典型的利用分部积分法计算的问题. 如题图所示,$f'(0) = -1, f'(4) = 2$,
   于是
   $$\int_0^4 (2x-1) f''(x) dx = \int_0^4 (2x-1) d[f'(x)]$$
   $$= f'(x)(2x-1) \Big|_0^4 - 2\int_0^4 f'(x) dx$$
   $$= 7f'(4) + f'(0) - 2[f(4) - f(0)]$$
   $$= 14 - 1 - 2 \times 2 = 9.$$

   故选择 E.

15. 【答案】D

   【解析】当 $x \neq 0$ 时,总有 $F'(x) = \frac{\ln^2|x|}{1+x^2} + \frac{\ln^2\left|\frac{1}{x}\right|}{1+\frac{1}{x^2}} \cdot \left(-\frac{1}{x^2}\right) = 0$,从而知,函数 $F(x)$

   在各自分段区间恒为常数.

   当 $-\infty < x < 0$ 时,取 $F(-1) = -2\int_{-1}^{0.1} \frac{\ln^2|t|}{1+t^2} dt < 0$,知 $F(x)$ 在该区间为负常数;

   当 $0 < x < +\infty$ 时,取 $F(1) = 2\int_{0.1}^{1} \frac{\ln^2|t|}{1+t^2} dt > 0$,知 $F(x)$ 在该区间为正常数.

   故函数 $F(x)$ 为阶梯形分段函数,故选择 D.

16. 【答案】C

   【解析】根据积分中值定理,有 $\int_n^{n+p} x \sin \frac{1}{2x} dx = \xi \sin \frac{1}{2\xi} \cdot p, \xi \in [n, n+p]$,因此,当 $n \to \infty$ 时,$\xi \to +\infty$,从而有
   $$\lim_{n \to \infty} \int_n^{n+p} x \sin \frac{1}{2x} dx = \lim_{\xi \to +\infty} \left(\xi \sin \frac{1}{2\xi} \cdot p\right) = \frac{1}{2} p,$$

   故选择 C.

17. 【答案】D

   【解析】由 $f(x) = \frac{1}{2} \int_0^x (x-t) g(t) dt = \frac{1}{2} \left[x \int_0^x g(t) dt - \int_0^x t g(t) dt\right]$,

   有 $f'(x) = \frac{1}{2} \left[\int_0^x g(t) dt + x g(x) - x g(x)\right] = \frac{1}{2} \int_0^x g(t) dt$,

   再求导得 $f''(x) = \frac{1}{2} g(x)$,从而有 $f''(1) = \frac{1}{2} g(1) = \frac{5}{2}$,故选择 D.

18. 【答案】D

   【解析】由
   $$\frac{\partial z}{\partial x}\Big|_{(0,0)} = \lim_{x \to 0} \frac{z(x,0) - z(0,0)}{x} = \lim_{x \to 0} \frac{0 - 0}{x} = 0,$$

$$\left.\frac{\partial z}{\partial y}\right|_{(0,0)} = \lim_{y\to 0}\frac{z(0,y)-z(0,0)}{y} = \lim_{y\to 0}\frac{0-0}{y} = 0,$$

知点$(0,0)$处$\frac{\partial z}{\partial x}$与$\frac{\partial z}{\partial y}$都存在,且都为零,故选择 D.

19. 【答案】B

   【解析】由
   $$g'_u(u,v) = f'_1(u-v, u^3-1, 2v-2) + 3u^2 f'_2(u-v, u^3-1, 2v-2),$$
   $$g'_v(u,v) = -f'_1(u-v, u^3-1, 2v-2) + 2f'_3(u-v, u^3-1, 2v-2),$$
   因此,有 $g'_u(1,1) = f'_1(0,0,0) + 3f'_2(0,0,0) = 11$, $g'_v(1,1) = -f'_1(0,0,0) + 2f'_3(0,0,0) = 4$,
   故选择 B.

20. 【答案】A

   【解析】由 $\begin{cases} f'_x = ay - 2xy - y^2 = 0, \\ f'_y = ax - 2xy - x^2 = 0, \end{cases}$ 得驻点 $(0,a)$, $\left(\frac{a}{3}, \frac{a}{3}\right)$, $(0,0)$, $(a,0)$,又

   $$f''_{xx}(x,y) = -2y, \quad f''_{yy}(x,y) = -2x, \quad f''_{xy}(x,y) = a - 2x - 2y,$$

   从而有 $\Delta = (a - 2x - 2y)^2 - 4xy$, $\Delta(0,a) = \Delta(0,0) = \Delta(a,0) = a^2 > 0$,
   $$\Delta\left(\frac{a}{3}, \frac{a}{3}\right) = -\frac{1}{3}a^2 < 0,$$

   故无论 a 具体取值的大小,均不影响驻点是否为极值点的判断,并由 $f''_{xx}\left(\frac{a}{3}, \frac{a}{3}\right) = -\frac{2a}{3} < 0$ 确定 $f(x,y)$ 有极大值 $f\left(\frac{a}{3}, \frac{a}{3}\right)$,故选择 A.

21. 【答案】C

   【解析】根据极限的保号性,由 $\lim\limits_{\substack{x\to 0 \\ y\to 0}} \frac{f(x,y) - f(0,0)}{(x^2+y^2)^{\frac{1}{2}}} = 2$,可知在点$(0,0)$的某邻域内总有 $f(x,y) - f(0,0) > 0$,因此,$f(0,0)$为$f(x,y)$的一个极小值,故选择 C. 另外,仅由题设不能确定 $f'_x(0,0) = 0$, $f'_y(0,0) = 0$.

22. 【答案】D

   【解析】$\begin{vmatrix} 0 & 1 & 0 & 0 \\ 2 & 5 & 0 & 0 \\ 0 & 0 & 3 & 6 \\ 7 & 8 & 0 & 4 \end{vmatrix} = \begin{vmatrix} 0 & 1 \\ 2 & 5 \end{vmatrix} \begin{vmatrix} 3 & 6 \\ 0 & 4 \end{vmatrix} = -4!,$ $\begin{vmatrix} 0 & 1 & 5 & 1 \\ 2 & 5 & 2 & 0 \\ 3 & 0 & 0 & 0 \\ 7 & 4 & 0 & 0 \end{vmatrix} = \begin{vmatrix} 5 & 1 \\ 2 & 0 \end{vmatrix} \begin{vmatrix} 3 & 0 \\ 7 & 4 \end{vmatrix} = -4!,$

   $\begin{vmatrix} 0 & 1 & 5 & 1 \\ 2 & 5 & 2 & 0 \\ 0 & 3 & 0 & 0 \\ 0 & 0 & 4 & 0 \end{vmatrix} = -\begin{vmatrix} 2 & 5 & 2 \\ 0 & 3 & 0 \\ 0 & 0 & 4 \end{vmatrix} = -4!,$ $\begin{vmatrix} 0 & 1 & 0 & 1 \\ 2 & 5 & 2 & 2 \\ 3 & 3 & 0 & 0 \\ 4 & 0 & 0 & 0 \end{vmatrix} = \begin{vmatrix} 0 & 1 \\ 2 & 2 \end{vmatrix} \begin{vmatrix} 3 & 3 \\ 4 & 0 \end{vmatrix} = 4!,$

   $\begin{vmatrix} 0 & 1 & 4 & 1 \\ 2 & 5 & 0 & 1 \\ 0 & 2 & 0 & 0 \\ 3 & 4 & 0 & 0 \end{vmatrix} = \begin{vmatrix} 4 & 1 \\ 0 & 1 \end{vmatrix} \begin{vmatrix} 0 & 2 \\ 3 & 4 \end{vmatrix} = -4!,$

   故选择 D.

23. 【答案】E

   【解析】由题设,$\boldsymbol{B} = \boldsymbol{AE}(2,3)$, $|\boldsymbol{B}| = |\boldsymbol{A}||\boldsymbol{E}(2,3)| = -3$, $|\boldsymbol{B}^*| = ||\boldsymbol{B}|\boldsymbol{B}^{-1}| =$

$|B|^2=9$,从而有 $|B^*A^T|=|B^*||A^T|=|B^*||A|=27$,故选择 E.

24.【答案】 A

【解析】由题设,
$$(E+A^{-1}B^T)^T(E-BA^{-1})^{-1}=(E+BA^{-1})[(A-B)A^{-1}]^{-1}$$
$$=(E+BA^{-1})A(A-B)^{-1}=(A+B)(A-B)^{-1}$$
$$=\begin{pmatrix}-1&1\\1&4\end{pmatrix}\begin{pmatrix}5&-3\\-3&2\end{pmatrix}^{-1}=\begin{pmatrix}-1&1\\1&4\end{pmatrix}\begin{pmatrix}2&3\\3&5\end{pmatrix}=\begin{pmatrix}1&2\\14&23\end{pmatrix},$$

故选择 A.

25.【答案】 C

【解析】由 $B=A^2-3A+2E=(A-E)(A-2E)$,有 $B^{-1}=(A-2E)^{-1}(A-E)^{-1}$,其中 $(A-2E)^{-1}=\begin{pmatrix}-1&-1\\2&1\end{pmatrix}^{-1}=\begin{pmatrix}1&1\\-2&-1\end{pmatrix}$, $(A-E)^{-1}=\begin{pmatrix}0&-1\\2&2\end{pmatrix}^{-1}=\frac{1}{2}\begin{pmatrix}2&1\\-2&0\end{pmatrix}$,

得 $B^{-1}=\frac{1}{2}\begin{pmatrix}1&1\\-2&-1\end{pmatrix}\begin{pmatrix}2&1\\-2&0\end{pmatrix}=\begin{bmatrix}0&\frac{1}{2}\\-1&-1\end{bmatrix}$,故选择 C.

26.【答案】 E

【解析】由题知,
$$(\beta_1,\beta_2,\beta_3,\beta_4)=(\alpha_1,\alpha_2,\alpha_3,\alpha_4)Q, Q=\begin{pmatrix}1&1&1&1\\1&-1&2&-k\\1&1&4&k^2\\1&-1&8&-k^3\end{pmatrix},$$

若要 $\beta_1,\beta_2,\beta_3,\beta_4$ 线性无关,其转换矩阵 Q 必可逆,而 Q 对应的行列式为范德蒙德行列式,

$$|Q|=\begin{vmatrix}1&1&1&1\\1&-1&2&-k\\1&1&4&k^2\\1&-1&8&-k^3\end{vmatrix}$$
$$=(-k-1)(-k+1)(-k-2)(2-1)(2+1)(-1-1)$$
$$=6(k-1)(k+1)(k+2),$$

因此,当且仅当 $k\neq-1,-2,1$ 时对应向量组线性无关,故选择 E.

27.【答案】 D

【解析】依题设,由于 B 的列向量均由方程组 $Ax=0$ 的解构成,则矩阵 B 的秩与方程组 $Ax=0$ 所含有线性无关解的个数相关,由 $|A|=\begin{vmatrix}1&1&1&t\\1&1&t&1\\1&t&1&1\\t&1&1&1\end{vmatrix}=(t+3)(t-1)^3$,知

当 $t=-3$ 时, $r(A)=3$,方程组 $Ax=0$ 最多有 1 个线性无关解;当 $t=1$ 时, $r(A)=1$,方程组 $Ax=0$ 最多有 3 个线性无关解,而 $B\neq O$,从而确定 $1\leqslant r(B)\leqslant 3$,故选择 D.

28.【答案】 A

【解析】设 $A=(\alpha_1,\alpha_2,\alpha_3,\alpha_4)$,对 A 施以初等行变换,有

$$A = \begin{pmatrix} 1 & 0 & 2 & 1 \\ -1 & 3 & 1 & 2 \\ 2 & 1 & 5 & 2 \\ 3 & 2 & 0 & -3 \end{pmatrix} \xrightarrow[\substack{r_3 - 2r_1 \\ r_4 - 3r_1}]{r_2 + r_1} \begin{pmatrix} 1 & 0 & 2 & 1 \\ 0 & 3 & 3 & 3 \\ 0 & 1 & 1 & 0 \\ 0 & 2 & -6 & -6 \end{pmatrix} \xrightarrow[r_2/3 \leftrightarrow r_3]{r_4 \div 2} \begin{pmatrix} 1 & 0 & 2 & 1 \\ 0 & 1 & 1 & 0 \\ 0 & 1 & 1 & 1 \\ 0 & 1 & -3 & -3 \end{pmatrix}$$

$$\xrightarrow[r_4 - r_2]{r_3 - r_2} \begin{pmatrix} 1 & 0 & 2 & 1 \\ 0 & 1 & 1 & 0 \\ 0 & 0 & 0 & 1 \\ 0 & 0 & -4 & -3 \end{pmatrix},$$

知 $r(\boldsymbol{\alpha}_1, \boldsymbol{\alpha}_2, \boldsymbol{\alpha}_3, \boldsymbol{\alpha}_4) = 4$，即此向量组的极大线性无关组就是本身，故选择 A.

29. 【答案】B

【解析】n 个人同时向同一目标独立射击一次，命中目标的概率应为 $1 - (1-p)^n$，

依题设，$1 - (1-p)^n \geq 0.9$，即 $(1-p)^n \leq 0.1$，$n \geq \dfrac{\ln 0.1}{\ln(1-p)}$，故选择 B.

30. 【答案】E

【解析】对于正态分布的概率大小比较，要先化为标准正态分布，即有

$$P\left\{\dfrac{X-\mu}{\sigma} \geq -1\right\} = 1 - \Phi(-1),$$

从而知概率 $P\{X \geq \mu - \sigma\}$ 恒为常数，故选择 E.

31. 【答案】C

【解析】由随机变量的独立性，有

$P\{X = Y\} = P\{X = Y = -1\} + P\{X = Y = 1\} + P\{X = Y = 3\}$
$= P\{X = -1\}P\{Y = -1\} + P\{X = 1\}P\{Y = 1\} + P\{X = 3\}P\{Y = 3\}$
$= (0.2)^2 + (0.3)^2 + (0.5)^2 = 0.38,$

故选择 C.

32. 【答案】B

【解析】根据分布律的性质，有 $a + 3a + \dfrac{2}{9} + a + 2a = 1$，得 $a = \dfrac{1}{9}$，因此，分布律应为

X	-2	-1	0	1	2
P	$\dfrac{1}{9}$	$\dfrac{1}{3}$	$\dfrac{2}{9}$	$\dfrac{1}{9}$	$\dfrac{2}{9}$

从而有

$$P\{-2 < X \leq 0 \mid X < 1\} = \dfrac{P\{-2 < X \leq 0\}}{P\{X < 1\}} = \dfrac{P\{X = -1\} + P\{X = 0\}}{1 - P\{X = 1\} - P\{X = 2\}}$$

$$= \dfrac{\dfrac{1}{3} + \dfrac{2}{9}}{1 - \dfrac{1}{9} - \dfrac{2}{9}} = \dfrac{5}{6},$$

故选择 B.

33. 【答案】A

【解析】由于随机变量 X 的概率密度为偶函数，因此，$EX = 0$. 故选择 A.

34. 【答案】E

【解析】在有一大批产品的情况下，次品率为 0.05，即正品率为 0.95，从中任取 1 只，该产品为正品的概率为 0.95，且各个产品是否为正品相互独立．因此，X 服从参数为 100，0.95 的二项分布，即 $X \sim B(100,0.95)$，从而得

$$EX = 100 \times 0.95 = 95.$$

故选择 E．

35. 【答案】D

【解析】由已知，$E(X_1) = 2, D(X_1) = 9, E(X_2) = D(X_2) = 1, E(X_3) = \frac{1}{2}, D(X_3) = \frac{1}{4}, E(X_4) = 3, D(X_4) = \frac{3}{2}$，于是有

$$EZ = E(X_1) + E(X_2) - 2E(X_3) + 2E(X_4) = 8,$$
$$DZ = D(X_1) + D(X_2) + 4D(X_3) + 4D(X_4) = 17,$$

从而得 $EZ^2 = DZ + (EZ)^2 = 81$，故选择 D．

二、逻辑推理

36. 【答案】D

【解析】刻画题干：①甲班→通过；②有些¬通过→特长生（换位：有些特长生→¬通过）。构建逻辑链：③有些特长生→¬通过→¬甲班。

根据③可知"有些特长生不在甲班"，所以（1）一定错误。（2）符合传递规则，故其一定正确。根据③可知"有些特长生没有通过体检"为真，无法判断"有些特长生通过了体检"的真假，所以（3）真假不定。故正确答案为 D 项。

37. 【答案】E

【解析】刻画题干：（1）¬改革→困境；（2）改革→裁员；（3）裁员→国家有保险制度；（4）国家有保险制度。构建逻辑链：¬困境→改革→裁员→国家有保险制度。

从"国家有保险制度"出发，根据逆否或传递规则，什么也推不出来，故正确答案为 E 项。

38. 【答案】A

【解析】假设 A 项是合乎条件的，则"老钱和小孙住一个房间"，根据题干条件（3）的逆否命题，可以推出"老孙和小李住一个房间"。此时，只有老李和老赵、小钱和小赵这两对的组合了，由题干条件（4）可知"老李不和小赵住一个房间"，所以还剩下老赵和小赵住一个房间，这又不满足题干条件（2）的要求。综上所述，如果 A 项符合条件，就会产生矛盾，所以 A 项的安排是不符合条件的。

39. 【答案】C

【解析】题干论证：文化轴心→中坚思想→对世界文化有贡献。要想得到"中国的中坚思想对世界文化有贡献"这个结论，就必须假设中国是文化轴心时期的文化区之一。

40. 【答案】E

【解析】为了证明捕获野生动物但不会威胁其物种延续的捕猎行为不应受到禁止，可直接定位到 E 项。

41. 【答案】C

【解析】虽然目前还没有证据证明这两种病毒能够完全删除计算机文件，但是不能排

除它们有完全删除计算机文件的可能性。所以未经证明，就得出"发现有这两种病毒的计算机用户不必担心自己的文件被清除掉"的结论是不合理的。本题考查对"诉诸无知"的识别。

42. 【答案】D
【解析】由题干可知，乙和丁说的话必一真一假，故甲、丙两人的话都是假的，所以"丙说自己没有吃"是假的，即蛋糕是丙吃的，所以乙假、丁真，故选D项。

43. 【答案】E
【解析】题干中的论点是"玩游戏有益于提升小孩的阅读能力，甚至可以帮助他们克服阅读障碍"。E项"却无法克服阅读障碍"，直接否定论点。D项有削弱作用，但是即便利用虚拟现实技术开发的游戏对孩子的阅读能力没有帮助，利用其他技术开发的游戏也可能是有帮助的，因而削弱力度不如E项。

44. 【答案】E
【解析】题干的分析指出了因果倒置，A、E两项都符合，而题干说的是"并不一定""可能"，A项说的是"绝不是"，与题干不吻合，故排除A项。

45. 【答案】A
【解析】B项直接驳斥了"大学排名还必须以成熟的市场经济体制为前提"；C项反驳了题干论据"企业排名容易"；D项认为要先排名，才能产生公认的排名机构，实际是支持排名的；E项指出国内没有公认的排名机构也可以借鉴经验，不影响排名。A项提到的"很大影响"，可能是好的，也可能是不好的。如果是好的影响，那么就削弱了题干结论；但如果是不好的影响，就支持了题干结论。由于该项存在支持的可能性，而其他选项都能削弱，所以选A项相对最好。

46. 【答案】A
【解析】这道题考查一个基本公式：利润＝收入－成本。A项说明收入在下降，无助于解释利润的上升；其他选项都说明了成本在下降，有助于解释利润的上升。

47. 【答案】A
【解析】要想评估题干的方案，就需要说明这个方案是否会让企业变得积极主动。如果技术转让费用和设备成本很高，那么企业很可能不会主动选择该方案；反之，则企业就很可能更有主动性。其余各项对企业采纳该方案的主动性影响不大。

48. 【答案】B
【解析】题干第三句话是论点。

49. 【答案】D
【解析】题干论证的结论是应将巨额财产来源不明以贪污受贿罪论处。D项实际是指出，如果不能证明贪污受贿，则不能认定为贪污受贿罪，是对结论的削弱。

50. 【答案】C
【解析】根据题干最后一句话的逆否命题，如果生物多样性提高，就意味着白足鼠数量没有增加，根据"随宿主动物传播莱姆病给蜱虫的极其罕见，但白足鼠是一个例外"，因此蜱虫被感染的概率就降低了，所以人类得莱姆病的风险就降低了。

A项不能推出，许多人感染莱姆病的地区，蜱虫的总数可能非常多，所以即使受感染的蜱虫数量异常高，但蜱虫感染的比例可能不是异常高。

B项不能推出，除了白足鼠外，人类可能会从其他病源中感染莱姆病。得病概率低，不等于得病的人数少。

D项不能推出，题干没有表明蜱虫的捕食偏好。

E项不能推出，题干只表明宿主动物传播莱姆病给蜱虫，而没有说明除人类以外的动物通过蜱虫感染莱姆病。

51. 【答案】D

【解析】由司机丁"从今天起，我所经过的路段四天都不禁行"可得，今天是星期二或者星期三，并且他经过的路段只能是B路段；结合司机丙"我所经过的路段今天禁行"可知，今天是星期三，因为四个路段在星期二都不禁行；根据司机乙的话可知他经过的禁行路段是C路段，而由"甲经过的路段前天禁行"可知他经过的路段不是A路段，只能是D路段。

52. 【答案】A

【解析】胡晶的断言可以刻画成：传播→损失。吴艳的断言，由"只需要"这个词可以判断这是个充要条件假言命题，它意味着：要么挽回了损失同时阻止了疫病传播（C项），要么没有挽回损失同时疫病仍然传播（B项）。要与吴艳的断言不一致，必须找到其矛盾命题，故排除这两项。当它为假的时候，即挽回损失且没阻止疫病传播，或者阻止了疫病传播的同时没有挽回损失。"阻止了疫病传播"说明胡晶的断言的前件为假，其断言必真，所以符合要求的只能是A项"疫病没传播，同时有损失"。

53. 【答案】B

【解析】根据题干进行刻画：有些严肃且不讲情面的教师→好教师→学识渊博，将刻画式第一项和第三项进行换位推理，可以得到B项。

54. 【答案】B

【解析】题干论证关系为：文明人与野蛮人或其他动物的区别在于能通过深谋远虑来抑制本能的冲动。要证明人们为了能在冬天吃粮食而在春天耕种是独特的深谋远虑的行为，需要假设野蛮人或动物的捕食存粮行为不是深谋远虑的行为，即B项。

55. 【答案】C

【解析】C项如果为真，说明每块电池起火是独立事件，所以整体发生起火的概率仍然是百万分之0.2，百万分之0.2不能乘以7000，这就对专家的判断构成了削弱。

三、写作

56. 【解析】题干材料存在的主要逻辑漏洞有：

（1）材料将频见茅台负面新闻，直接归因于媒体利用公众心理"围剿"茅台，还必须包含这样一个假设：茅台本身不存在问题。但这样的假设未必成立，也许茅台里还有以前不为人知的有害物质呢？

（2）作者是从何得出媒体是用一种不够阳光、不负责任的心态引导舆论呢？作者在此的逻辑就是凡是对"享有盛名"的茅台的批评都是不负责任的，都是为了"博得点击率和关注度"，这样的假设未必成立。

（3）"谴责茅台成为一种时髦"，不能忽视茅台自身存在错误的可能性。"当谴责茅台成为一种时髦，有过错的就已经不是茅台了"，这样的判断未免过于草率。

（4）爱护民族品牌并不等于可以视其错误而不管不顾，更不等于其有负面新闻就认定是媒体杜撰。材料将茅台推向了"民族品牌崛起"的高度，这岂不是更需要公众的严格监督和不断批评？

（5）文章认为与茅台抱团参与国际竞争，最终茅台获利，每家企业也获利。但或许茅台进入国际市场后，更加增强了其垄断地位，使得其他企业无法生存；也可能让存在质量问题的茅台走向国际市场，损害了中国白酒形象，使中国品牌遭受更多偏见。

其他逻辑问题，只要言之成理，也可得分。

备注：这道题难度较大，可供分析的要点不多，而且不太容易说到点上，这是因为本题的命题点主要在于"非箭头类逻辑错误"。此外，这道题在分析中容易无话可说，从而导致考生在写作时出现字数不足的问题。

在命制模考题时，需要让考生体会一下这种感觉，并思考应对方法，考场上才能有备无患。这是命制这道题在整个四套卷中要起到的作用。

考场遇到这两种问题应如何处理？考生需要在考试后重新琢磨本题解析中句子的写法和语言的组织。由于每个人的表达风格不同，解析只是提供最基本的思路，不能用抄写解析的方法来应对，否则题目更换则无所适从。

57. 【解析】思考角度提示：

（1）析危害。

①产能大、价值低。长期位于全球制造业、加工业下游的中国企业和"中国制造"的产品在全球消费者心中形成了价廉质不优的印象。

②无法形成产业竞争力，没有定价权，可替代性强，容易陷入价格战。

③附加值低，利润低，一旦遭遇行业周期或者经济周期的冲击，企业容易陷入困境。（马太效应）

总之，企业有规模、无品牌的发展模式难以为继。

（2）挖根源。

企业在制订产品策略时会考虑消费者的购买力和市场特征。消费市场大，所以不必重视品牌，此时规模量产抢占市场是更容易被选择的策略，所以导致了不少中国企业在过去很长时间，无法积累有足够号召力的品牌等无形资源，也缺少创新动机及能力。

（3）必要性。

现阶段社会主要矛盾：人民日益增长的美好生活的愿望与不平衡、不充分发展之间的矛盾。"日益增长的美好生活的愿望"意味着消费升级。

消费升级的背后，其实是人们的需求在升级，这会给品牌创新升级带来机会：越来越多的人开始重视生活质量。对于企业来说，这既是一种挑战，也是一个提升自己品牌价值、实现企业发展战略转型的新契机。

科技发展趋势带来产业转型契机：当越来越多的企业家投入高科技产业、高附加值产业和战略新兴产业中的时候，其实意味着企业以崭新的形象重新参与全球产业链分工。而这种趋势对于吸引更多企业转型、提高收入水平有积极示范作用。

（4）指办法。

①在两个要点上下功夫：市场细分、品牌形象。

②研究消费者心理，增强市场洞察力。中国企业在很多领域其实具备满足消费升级需求的能力，但他们的市场洞察能力和快速反应能力需要得到进一步加强。

③坚持技术创新，创造难以模仿的优势。

④需要经济体制的深化、法律体系的完善、金融体系的改革和资本市场的发展。

备注：这个要点，考生可以自行搜索一些相关文章，在日常阅读时注意积累相关知识。本题审题难度不大，但是需要注意本文是命题作文。命制本考题，其价值在于可以通过一道题举一反三，以上内容在分析品牌、创新、工匠精神时通用。

经济类联考综合能力预测试题（三）参考答案与解析

一、数学基础

1. 【答案】C

   【解析】由 $\lim\limits_{x\to 0}\dfrac{\ln(1+\sin 6x)+xf(x)}{x^3}=0$，知 $\ln(1+\sin 6x)+xf(x)$ 是比 x^3 高阶的无穷小量，于是可表为 $\ln(1+\sin 6x)+xf(x)=o(x^3)$，从而得 $f(x)=-\dfrac{\ln(1+\sin 6x)}{x}+\dfrac{o(x^3)}{x}$. 因此，

   $$\lim\limits_{x\to 0}f(x)=\lim\limits_{x\to 0}\left[-\dfrac{\ln(1+\sin 6x)}{x}+\dfrac{o(x^3)}{x}\right]=-\lim\limits_{x\to 0}\dfrac{\sin 6x}{x}=-6,$$

   故选择 C.

2. 【答案】D

   【解析】本题是幂指函数的计算. 可用对数极限法计算，由

   $$\lim\limits_{x\to 0}\dfrac{1}{x^3}\ln(1-x)=\lim\limits_{x\to 0}-\left[\dfrac{1}{x^2}\ln(1-x)^{-\frac{1}{x}}\right]=-\infty,$$

   知原极限 $\lim\limits_{x\to 0}(1-x)^{\frac{1}{x^3}}\xlongequal{u=\ln(1-x)^{\frac{1}{x^3}}}\lim\limits_{u\to-\infty}e^u=0$，故选择 D.

3. 【答案】E

   【解析】由 $f(x)=\dfrac{x}{a+e^{bx}}$ 在 $(-\infty,+\infty)$ 内连续，则 $a+e^{bx}\neq 0$，知 $a\geqslant 0$，又当 $b<0$ 时，$\lim\limits_{x\to-\infty}(a+e^{bx})=+\infty$，从而有 $\lim\limits_{x\to-\infty}f(x)=0$，当 $b\geqslant 0$ 时，$\lim\limits_{x\to-\infty}f(x)=-\infty$，因此，仅当 $a\geqslant 0, b<0$ 时满足题意，故选择 E.

4. 【答案】A

   【解析】$\max\{f(x),g(x)\}$ 或为 $f(x)$ 或为 $g(x)$ 或为以曲线 $y=f(x)$ 与 $y=g(x)$ 交点为分段点的分段函数，最终仍在 $(-\infty,+\infty)$ 内连续. 同理，$\min\{f(x),g(x)\}$ 在 $(-\infty,+\infty)$ 内连续，根据连续函数的性质，$\sin[f(x)g(x)]$ 和 $f[g(x)]$ 也在 $(-\infty,+\infty)$ 内连续，由排除法，本题选择 A. 事实上，$|f(x)|+|g(x)|$ 可能取值为零，从而使得函数 $\ln(|f(x)|+|g(x)|)$ 在该取值点间断.

5. 【答案】C

   【解析】由 $\lim\limits_{x\to-\infty}f(x)=\lim\limits_{x\to-\infty}\left(\dfrac{xe^x}{e^x-1}+1\right)=1$，知该曲线有一条水平渐近线 $y=1$，又由 $\lim\limits_{x\to+\infty}\dfrac{f(x)}{x}=\lim\limits_{x\to+\infty}\left(\dfrac{e^x}{e^x-1}+\dfrac{1}{x}\right)=1$，$\lim\limits_{x\to+\infty}[f(x)-x]=\lim\limits_{x\to+\infty}\dfrac{x}{e^x-1}+1=1$，知该曲线有一条斜渐近线 $y=x+1$. 另外，函数 $f(x)$ 虽有间断点 $x=0$，但 $\lim\limits_{x\to 0}f(x)=2$，为可去间断点，该曲线无铅直渐近线，从而知该曲线共有 2 条渐近线，故选择 C.

6. 【答案】E

   【解析】由于 $f'(0)$ 存在，知 $\lim\limits_{x\to 0}\dfrac{f(x)-f(0)}{x}=f'(0)$，从而有

$$\lim_{x\to 0}\frac{2}{x}\left[f\left(\frac{x}{2}\right)-f\left(\frac{x}{3}\right)\right]=\lim_{x\to 0}\frac{2}{x}\left\{f\left(\frac{x}{2}\right)-f(0)-\left[f\left(\frac{x}{3}\right)-f(0)\right]\right\}$$

$$=\lim_{x\to 0}\frac{f\left(\frac{x}{2}\right)-f(0)}{\frac{x}{2}}-\frac{2}{3}\lim_{x\to 0}\frac{f\left(\frac{x}{3}\right)-f(0)}{\frac{x}{3}}$$

$$=\left(1-\frac{2}{3}\right)f'(0)=a,$$

得 $f'(0)=3a$,故选择 E.

7. 【答案】D

【解析】当 $x=\frac{\pi}{2}$ 时,有 $\int_1^1\frac{\arcsin t}{t}dt+\int_1^y\left|\frac{\sin t}{1+t^2}\right|dt=0$,得 $y=1$.

方程两边对 x 求导,有

$$\frac{\arcsin(\sin x)}{\sin x}\cdot \cos x+\left|\frac{\sin y}{1+y^2}\right|\frac{dy}{dx}=-y+\left(\frac{\pi}{2}-x\right)\frac{dy}{dx},$$

将 $x=\frac{\pi}{2},y=1$ 代入,解得 $\left.\frac{dy}{dx}\right|_{x=\frac{\pi}{2}}=-\frac{2}{\sin 1}$,因此,$dy\Big|_{x=\frac{\pi}{2}}=-\frac{2}{\sin 1}dx$,故选择 D.

8. 【答案】B

【解析】导函数 $y'=f'(x)$ 在 $(-\infty,0)$ 单调减少,函数曲线是凸的.而曲线 $y'=f'(x)$ 在 $(0,+\infty)$ 单调增加,函数曲线是凹的,又 $(0,f(0))$ 是函数的连续点,故 $(0,f(0))$ 一定是曲线 $y=f(x)$ 的拐点,故选择 B. 另外,在上述情况下,函数图形有四种可能,如图(a),(b),(c),(d):

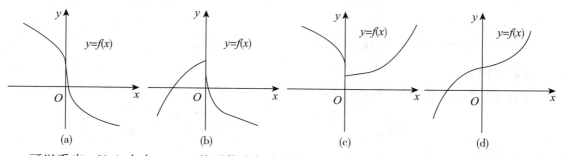

(a) (b) (c) (d)

可以看出,$f(x)$ 在点 $x=0$ 处可能取极大值或极小值,也可能不取极值.

9. 【答案】B

【解析】依题设,函数曲线 $y=f(x)$ 在 $(-\infty,+\infty)$ 内是凹的,又 $f'(a)=0$,知 $x=a$ 必为极小值点,同时也为最小值点,因此,在 $(-\infty,+\infty)$ 内当 $x\neq a$ 时,总有不等式 $f(x)>f(a)$,故选择 B.

10. 【答案】D

【解析】由 $y'=f'(x)=2(x-1)(x+3)^3+3(x-1)^2(x+3)^2$
$=(x-1)(x+3)^2(5x+3)$,

且 $f'(1)=f'\left(-\frac{3}{5}\right)=f'(-3)=0$,知必存在点 $x_1\in\left(-3,-\frac{3}{5}\right),x_2\in\left(-\frac{3}{5},1\right)$,使得 $f''(x_1)=f''(x_2)=0$,考虑到 $f''(x)$ 为三次多项式,$(x-x_1),(x-x_2)$ 均是一次因子,因此,该曲线共有 3 个拐点. 故选择 D.

11. 【答案】C

【解析】对等式两边求导，得 $f'(\sin x) = 3\sin^2 x \cdot \cos^2 x - \sin^4 x = 3\sin^2 x - 4\sin^4 x$，

即 $f'(x) = 3x^2 - 4x^4$，从而有

$$f(x) = \int (3x^2 - 4x^4)\mathrm{d}x = x^3 - \frac{4}{5}x^5 + C,$$

故选择 C.

12. 【答案】D

【解析】$\int \dfrac{\cos^3 x}{\sqrt{\sin x}}\mathrm{d}x = \int \dfrac{1-\sin^2 x}{\sqrt{\sin x}}\mathrm{d}(\sin x) \xrightarrow{u=\sin x} \int (u^{-\frac{1}{2}} - u^{\frac{3}{2}})\mathrm{d}u$

$= 2u^{\frac{1}{2}} - \dfrac{2}{5}u^{\frac{5}{2}} + C = 2\sqrt{\sin x} - \dfrac{2}{5}\sin^2 x \sqrt{\sin x} + C,$

故选择 D.

13. 【答案】B

【解析】利用对称性和分部积分法计算，有

$$\int_{-\frac{1}{2}}^{\frac{1}{2}} \frac{(1-x)\arcsin x}{\sqrt{1-x^2}}\mathrm{d}x = \int_{-\frac{1}{2}}^{\frac{1}{2}} \frac{\arcsin x}{\sqrt{1-x^2}}\mathrm{d}x - \int_{-\frac{1}{2}}^{\frac{1}{2}} \frac{x\arcsin x}{\sqrt{1-x^2}}\mathrm{d}x,$$

其中 $\int_{-\frac{1}{2}}^{\frac{1}{2}} \dfrac{\arcsin x}{\sqrt{1-x^2}}\mathrm{d}x = 0,$

$\int_{-\frac{1}{2}}^{\frac{1}{2}} \dfrac{x\arcsin x}{\sqrt{1-x^2}}\mathrm{d}x = -2\int_0^{\frac{1}{2}} \arcsin x \mathrm{d}(\sqrt{1-x^2})$

$= -2(\sqrt{1-x^2}\arcsin x)\Big|_0^{\frac{1}{2}} + 2\int_0^{\frac{1}{2}} \dfrac{\sqrt{1-x^2}}{\sqrt{1-x^2}}\mathrm{d}x = -\dfrac{\sqrt{3}\pi}{6} + 1,$

所以，原积分 $= \dfrac{\sqrt{3}\pi}{6} - 1$，故选择 B.

14. 【答案】D

【解析】利用定积分的换元积分法计算，有

$$\int_{-\frac{1}{3}}^{\frac{1}{3}} \sqrt{2-3x}\mathrm{d}x \xrightarrow{u=\sqrt{2-3x}} -\frac{2}{3}\int_{\sqrt{3}}^1 u^2 \mathrm{d}u = \frac{2}{9}u^3\Big|_1^{\sqrt{3}} = \frac{2}{3}\sqrt{3} - \frac{2}{9},$$

故选择 D.

15. 【答案】B

【解析】由于积分式内含自变量，求导前先整理为

$$\int_0^a (x-t)f'(t)\mathrm{d}t = x\int_0^a f'(t)\mathrm{d}t - \int_0^a tf'(t)\mathrm{d}t,$$

于是 $\dfrac{\mathrm{d}}{\mathrm{d}x}\left[\int_0^a (x-t)f'(t)\mathrm{d}t\right] = \int_0^a f'(t)\mathrm{d}t = f(a) - f(0)$，故选择 B.

16. 【答案】A

【解析】函数 $f(x)$ 的图形如图所示，定积分 $\int_{-1}^1 f(x)\mathrm{d}x$ 是由曲

线 $y=f(x)$ 与 x 轴围成 4 块图形面积的代数和构成，其中积分

$A_1 = \int_{-1}^a f(x)\mathrm{d}x, A_4 = \int_b^1 f(x)\mathrm{d}x$ 对应的面积块取负号，$A_2 =$

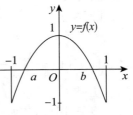

$\int_a^0 f(x)\mathrm{d}x, A_3 = \int_0^b f(x)\mathrm{d}x$ 对应的面积块取正号. 由于 $f''(x) < 0$, 曲线 $y = f(x)$ 是凸的,借助几何直观,A_2, A_3 的面积分别大于 A_1, A_4 对应的面积,因此,必有定积分 $\int_{-1}^1 f(x)\mathrm{d}x > 0$, 故选择 A. 由于函数 $f(x)$ 未确定,$\int_{-1}^0 f(x)\mathrm{d}x, \int_0^1 f(x)\mathrm{d}x$ 之间无法比较大小.

17.【答案】 D

【解析】依题设,$F(x) = \int_0^x (x^2 - t^2)f(t)\mathrm{d}t = x^2\int_0^x f(t)\mathrm{d}t - \int_0^x t^2 f(t)\mathrm{d}t$, 且

$$\lim_{x\to 0}\frac{F(x)}{x^k} = \lim_{x\to 0}\frac{F'(x)}{kx^{k-1}} = \lim_{x\to 0}\frac{2x\int_0^x f(t)\mathrm{d}t + x^2 f(x) - x^2 f(x)}{kx^{k-1}}$$

$$= \lim_{x\to 0}\frac{2\int_0^x f(t)\mathrm{d}t}{kx^{k-2}} = \lim_{x\to 0}\frac{2f(x)}{k(k-2)x^{k-3}}$$

$$= \lim_{x\to 0}\frac{2f'(0)}{k(k-2)(k-3)x^{k-4}} \neq 0,$$

知 $k = 4$, 故选择 D.

18.【答案】 E

【解析】由于 $f_x'(0,0) = \lim_{x\to 0}\frac{f(x,0) - f(0,0)}{x} = \lim_{x\to 0}\frac{x}{x} = 1$,

$f_y'(0,0) = \lim_{y\to 0}\frac{f(0,y) - f(0,0)}{y} = \lim_{y\to 0}\frac{0}{y} = 0$,

知在点 $(0,0)$ 处 $f_x'(0,0), f_y'(0,0)$ 都存在,且 $f_x'(0,0) = 1, f_y'(0,0) = 0$, 故选择 E.

19.【答案】 C

【解析】依题设,$\frac{\partial u}{\partial x} = axy^3 - y^2\cos x, \frac{\partial u}{\partial y} = 1 + by\sin x + 3x^2 y^2$, 显然 $u(x,y)$ 存在二阶连续偏导数,因此,有 $\frac{\partial^2 u}{\partial x\partial y} = 3axy^2 - 2y\cos x = \frac{\partial^2 u}{\partial y\partial x} = by\cos x + 6xy^2$, 比较系数得 $a = 2, b = -2$, 故选择 C.

20.【答案】 E

【解析】由 $\begin{cases} f_x'(x,y) = 2x - \dfrac{2}{x} = 0, \\ f_y'(x,y) = 2y - \dfrac{2}{y} = 0, \end{cases}$ 得驻点 $\begin{cases} x=1, \\ y=1, \end{cases} \begin{cases} x=-1, \\ y=1, \end{cases} \begin{cases} x=1, \\ y=-1, \end{cases} \begin{cases} x=-1, \\ y=-1. \end{cases}$

又 $f_{xx}''(x,y) = 2 + \dfrac{2}{x^2} > 0, f_{yy}''(x,y) = 2 + \dfrac{2}{y^2} > 0, f_{xy}''(x,y) = 0$,

及 $\Delta(x,y) = [f_{xy}'']^2 - f_{xx}'' f_{yy}'' = -\left(2 + \dfrac{2}{x^2}\right)\left(2 + \dfrac{2}{y^2}\right) < 0$,

从而知 4 个驻点都为极小值点,故选择 E.

21.【答案】 E

【解析】令 $\begin{cases} f_x'(x,y) = 6 - 2x = 0, \\ f_y'(x,y) = -9 + 6y + 3y^2 = 0, \end{cases}$ 解得驻点 $(3,1), (3,-3)$.

又 $f''_{xx}(x,y)=-2, f''_{xy}(x,y)=0, f''_{yy}(x,y)=6+6y, \Delta=12(y+1)$,

于是,由 $\Delta(3,1)=24>0, \Delta(3,-3)=-24<0, f''_{xx}(x,y)=-2<0$,

知$(3,1)$不是极值点,$(3,-3)$是$f(x,y)$的极大值点,故选择 E.

22. 【答案】E

【解析】由

$$f(x) = \begin{vmatrix} a_1 & a_2 & a_3 & a_4-x \\ a_1 & a_2 & a_3-x & a_4 \\ a_1 & a_2-x & a_3 & a_4 \\ a_1-x & a_2 & a_3 & a_4 \end{vmatrix}$$

$$\xrightarrow{c_1+c_2+c_3+c_4} \left(\sum_{i=1}^{4}a_i-x\right) \begin{vmatrix} 1 & a_2 & a_3 & a_4-x \\ 1 & a_2 & a_3-x & a_4 \\ 1 & a_2-x & a_3 & a_4 \\ 1 & a_2 & a_3 & a_4 \end{vmatrix}$$

$$= \left(\sum_{i=1}^{4}a_i-x\right) \begin{vmatrix} 1 & 0 & 0 & -x \\ 1 & 0 & -x & 0 \\ 1 & -x & 0 & 0 \\ 1 & 0 & 0 & 0 \end{vmatrix} = -x^3\left(\sum_{i=1}^{4}a_i-x\right) = 0,$$

得解 $x=a_1+a_2+a_3+a_4, x=0$,故选择 E.

23. 【答案】B

【解析】由 $2\boldsymbol{A}^* = 2|\boldsymbol{A}|\boldsymbol{A}^{-1} = -\boldsymbol{A}^{-1}$,得

$$\left|(3\boldsymbol{A})^{-1}+2\boldsymbol{A}^*\right| = \left|\frac{1}{3}\boldsymbol{A}^{-1}-\boldsymbol{A}^{-1}\right| = \left|-\frac{2}{3}\boldsymbol{A}^{-1}\right| = \frac{16}{27},$$

故选择 B.

24. 【答案】E

【解析】依题设,$\boldsymbol{B} = \boldsymbol{A}\begin{pmatrix} 1 & 0 & 0 \\ 0 & 1 & 0 \\ 0 & 1 & 1 \end{pmatrix}, \boldsymbol{E} = \begin{pmatrix} 0 & 1 & 0 \\ 1 & 0 & 0 \\ 0 & 0 & 1 \end{pmatrix}\boldsymbol{B} = \begin{pmatrix} 0 & 1 & 0 \\ 1 & 0 & 0 \\ 0 & 0 & 1 \end{pmatrix}\boldsymbol{A}\begin{pmatrix} 1 & 0 & 0 \\ 0 & 1 & 0 \\ 0 & 1 & 1 \end{pmatrix}$,得

$$\boldsymbol{A} = \begin{pmatrix} 0 & 1 & 0 \\ 1 & 0 & 0 \\ 0 & 0 & 1 \end{pmatrix}^{-1}\begin{pmatrix} 1 & 0 & 0 \\ 0 & 1 & 0 \\ 0 & 1 & 1 \end{pmatrix}^{-1} = \begin{pmatrix} 0 & 1 & 0 \\ 1 & 0 & 0 \\ 0 & 0 & 1 \end{pmatrix}\begin{pmatrix} 1 & 0 & 0 \\ 0 & 1 & 0 \\ 0 & 1 & 1 \end{pmatrix}^{-1},$$

即 $\boldsymbol{A} = \boldsymbol{P}_1\boldsymbol{P}_2^{-1}$,故选择 E.

25. 【答案】C

【解析】等式两边左乘$\boldsymbol{A}$,得 $|\boldsymbol{A}|\boldsymbol{B}\boldsymbol{A} = \boldsymbol{B}+3\boldsymbol{A}$,有

$$\boldsymbol{B}(-|\boldsymbol{A}|\boldsymbol{A}+\boldsymbol{E}) = -3\boldsymbol{A}, \boldsymbol{B} = -3\boldsymbol{A}(-|\boldsymbol{A}|\boldsymbol{A}+\boldsymbol{E})^{-1},$$

其中 $|\boldsymbol{A}| = \begin{vmatrix} 1 & 1 \\ 3 & 2 \end{vmatrix} = -1, (-|\boldsymbol{A}|\boldsymbol{A}+\boldsymbol{E})^{-1} = \begin{pmatrix} 2 & 1 \\ 3 & 3 \end{pmatrix}^{-1} = \frac{1}{3}\begin{pmatrix} 3 & -1 \\ -3 & 2 \end{pmatrix}$,

因此得 $\boldsymbol{B} = -3\begin{pmatrix} 1 & 1 \\ 3 & 2 \end{pmatrix}\frac{1}{3}\begin{pmatrix} 3 & -1 \\ -3 & 2 \end{pmatrix} = \begin{pmatrix} 0 & -1 \\ -3 & -1 \end{pmatrix}$,故选择 C.

26. 【答案】E

【解析】$\boldsymbol{\beta}$ 能否被 $\boldsymbol{\alpha}_1,\boldsymbol{\alpha}_2,\boldsymbol{\alpha}_3$ 线性表示,涉及对非齐次线性方程组 $\begin{cases} x_1+2x_2-2x_3=1, \\ 2x_1-x_2+ax_3=4, \\ 3x_1+(a-2)x_2+x_3=5 \end{cases}$

解的讨论. 对其增广矩阵施以初等行变换,得

$$\begin{pmatrix} 1 & 2 & -2 & 1 \\ 2 & -1 & a & 4 \\ 3 & a-2 & 1 & 5 \end{pmatrix} \to \begin{pmatrix} 1 & 2 & -2 & 1 \\ 0 & -5 & a+4 & 2 \\ 0 & 0 & (a-1)(a-3) & 2(a-3) \end{pmatrix},$$

显然,$a \neq 1$ 或 $a \neq 3$ 时,含 $a=1$ 的可能性,此时,方程组增广矩阵与系数矩阵的秩不相等,$\boldsymbol{\beta}$ 不能被 $\boldsymbol{\alpha}_1,\boldsymbol{\alpha}_2,\boldsymbol{\alpha}_3$ 表示,结论 E 不正确,故选择 E.

27. 【答案】C

【解析】已知该非齐次方程组有两个不相等的非零解,即知其导出组至少有一个非零解.从而知系数矩阵 $\boldsymbol{A}$ 的秩小于等于 2,又由 2 阶子式 $\begin{vmatrix} 4 & 3 \\ 2 & 4 \end{vmatrix} = 10 \neq 0$,因此,$r(\boldsymbol{A})=2$,

于是,原方程组的同解方程组为 $\begin{cases} 4x_1+3x_2-x_3=1, \\ 2x_1+4x_2-3x_3=-2, \end{cases}$ 对其增广矩阵施以初等行变换

$$\begin{pmatrix} 4 & 3 & -1 & 1 \\ 2 & 4 & -3 & -2 \end{pmatrix} \to \begin{pmatrix} 1 & 0 & \frac{1}{2} & 1 \\ 0 & 1 & -1 & -1 \end{pmatrix},$$

对应同解方程组为 $\begin{cases} x_1=1-\dfrac{x_3}{2}, \\ x_2=-1+x_3, \end{cases}$ 原方程组的通解为 $x_1=1-k, x_2=-1+2k, x_3=2k$,$k$ 为任意常数,故选择 C.

28. 【答案】D

【解析】两个方程组有公共非零解,即两个方程组的联立方程组有非零解,于是,由联立

方程组 $\begin{cases} 2x_1-x_2+x_3=0, \\ x_1+\lambda x_2-x_3=0, \\ \lambda x_1+x_2+x_3=0 \end{cases}$ 的系数矩阵的行列式 $D = \begin{vmatrix} 2 & -1 & 1 \\ 1 & \lambda & -1 \\ \lambda & 1 & 1 \end{vmatrix} = (\lambda+1) \cdot$

$(4-\lambda)$ 知,当 $\lambda=-1$ 或 $\lambda=4$ 时,联立方程组有非零解,即两个方程组有公共非零解,故选择 D.

29. 【答案】A

【解析】依题设,X 的概率密度为 $f(x) = \begin{cases} 3e^{-3x}, & x>0, \\ 0, & x \leqslant 0, \end{cases}$ 于是事件 $\{X>2\}$ 发生的概

率为 $p = \int_2^{+\infty} 3e^{-3x} dx = e^{-6}$,即有

$$P\{Y=n\} = C_{n-1}^2 p^3 (1-p)^{n-3} = C_{n-1}^2 e^{-18} (1-e^{-6})^{n-3}, n=3,4,5,\cdots,$$

故选择 A.

30. 【答案】D

【解析】相互独立且同服从正态分布的随机变量的代数和仍然服从正态分布,其分布参

数可按照期望和方差的性质计算,即

$$EZ = \frac{1}{4}\sum_{i=1}^{4}EX_i = \frac{10}{4} = 2.5, DZ = \frac{1}{16}\sum_{i=1}^{4}DX_i = \frac{10}{16} = 0.625,$$

故选择 D.

31. 【答案】A

【解析】由题设 $P\{X=k\} = \frac{\lambda^k}{k!}e^{-\lambda}, k = 0,1,2,\cdots$,且 $\frac{\lambda^0}{0!}e^{-\lambda} = \frac{\lambda^2}{2!}e^{-\lambda}$,即有 $\lambda^2 = 2$,解得 $\lambda = \sqrt{2}(\lambda = -\sqrt{2}$ 舍去). 于是

$$P\{X \geqslant 1\} = 1 - P\{X = 0\} = 1 - \frac{\lambda^0}{0!}e^{-\sqrt{2}} = 1 - e^{-\sqrt{2}},$$

故选择 A.

32. 【答案】B

【解析】这是一个条件概率的问题,设 $A = \{$发车时有 10 个乘客上车$\}$, $B = \{$中途有 3 个乘客下车$\}$,则 $P(B \mid A) = C_{10}^{3}(0.3)^3(0.7)^7$,故选择 B.

33. 【答案】B

【解析】将两个概率密度整理如下:

$$f_1(x) = \frac{1}{\frac{1}{2}\sqrt{2\pi}}e^{-\frac{(x-1)^2}{2(\frac{1}{2})^2}}, f_2(x) = \frac{1}{\frac{1}{\sqrt{2}}\sqrt{2\pi}}e^{-\frac{(x+2)^2}{2(\frac{1}{\sqrt{2}})^2}},$$

知 $X \sim N\left(1, \frac{1}{2}\right), Y \sim N\left(-2, \frac{1}{\sqrt{2}}\right)$,从而有 $EX > EY, DX < DY$,故选择 B.

34. 【答案】C

【解析】由分布函数性质,有

$$\lim_{x \to +\infty} F(x) = \lim_{x \to +\infty}(a + be^{-kx}) = 1, 得 a = 1.$$

又 $F(x)$ 在 $x = 0$ 处右连续,有

$$\lim_{x \to 0^+} F(x) = \lim_{x \to 0^+}(a + be^{-kx}) = a + b = F(0) = 0, 得 b = -a = -1.$$

进而由 $P\{X > 1\} = 1 - P\{X \leqslant 1\} = 1 - F(1) = e^{-k} = e^{-2}$,得 $k = 2$,所以

$$F(x) = \begin{cases} 1 - e^{-2x}, & x > 0, \\ 0, & x \leqslant 0, \end{cases} a = 1, b = -1, k = 2,$$

故选择 C.

35. 【答案】E

【解析】根据抽签原理,每次从 n 把钥匙中取出能开门的钥匙的概率是相同的,与第几次抽取无关,因此,抽取次数 X 的分布律为

X	1	2	$\cdots$	n
P	$\frac{1}{n}$	$\frac{1}{n}$	$\cdots$	$\frac{1}{n}$

于是,

$$EX = \sum_{k=1}^{n}\frac{k}{n} = \frac{1}{n}(1 + 2 + \cdots + n) = \frac{1}{n} \cdot \frac{1}{2}n(n+1) = \frac{1}{2}(n+1),$$

$$EX^2 = \sum_{k=1}^{n} \frac{k^2}{n} = \frac{1}{n}(1^2 + 2^2 + \cdots + n^2) = \frac{1}{n} \cdot \frac{1}{6}n(n+1)(2n+1)$$

$$= \frac{1}{6}(n+1)(2n+1),$$

$$DX = EX^2 - (EX)^2 = \frac{1}{6}(n+1)(2n+1) - \frac{1}{4}(n+1)^2 = \frac{1}{12}(n^2-1),$$

故选择 E．

二、逻辑推理

36. 【答案】E

    【解析】根据题干第二句话，得到：交往技能差→心理不够健康。由此可以判定，交往技能是心理健康的必要条件。根据题干第一句话，可以得到：小时候和同伴的玩耍与交往技能是有相关性的。根据题干这两句话，可以得到 E 项。题干只说心理不够健康可能导致退缩型人格，但并不意味着经常和同伴玩耍就是避免退缩型人格的充分条件，所以 B 项不选。

37. 【答案】A

    【解析】根据题干可知：所有的藏獒都是为人所珍爱的。将这个命题进行换位推理，可得到：有的为人所珍爱的狗是藏獒。这是一个特称肯定命题，当它为真时无法推知同素材的特称否定命题的真假。

38. 【答案】C

    【解析】根据题干只能推出唐诗宋词中包括王维的作品。

39. 【答案】B

    【解析】假设 A 项正确，则三个人都预测对了，故不选；假设 B 项正确，则只有小伟一个人预测对了，符合题意；假设 C 项正确，则三个人都预测对了，故不选；假设 D 项正确，则小明和小刚预测对了，故不选；假设 E 项正确，则小伟和小刚预测对了，故不选。

40. 【答案】C

    【解析】推理主线：编号小的被回收，编号大的少购买→不能回收的废弃物减少。C 选项指出，被回收后的塑料产品的编码会越来越大，因此，长期来看不能被回收的塑料废弃物会越来越多，削弱了"长期来看不能回收的塑料废弃物会越来越少"的结论。

41. 【答案】A

    【解析】题干已经说明，在美国、瑞典和加拿大这三个国家，监视工地安全情况的联合安全委员会都非常成功地减少了由职业引起的伤害。而在美国，这样的委员会还比较少。这些论述显然可以支持 A 项。

    B 项不能推出，因为比较安全性时，美国与瑞典和加拿大的区别有两个：安全委员会少，以及自愿成立。很难确定"自愿成立"这个差异要素是不是真正的影响因素。

42. 【答案】E

    【解析】科学家通过恐鸟骨骼化石中的 DNA 中的碱基对序列半衰期时间短，得出结论"无法利用古代DNA再造恐龙"。E项指出环境因素会影响DNA等遗传物质的衰变速率,意味着恐鸟的半衰期虽然在一定条件下只有15.8万年,但是环境因素可能使得半衰期更长,这说明利用古代DNA再造恐龙是有可能的,反驳了科学家的观点。虽然使得半衰期更长只是一种可能性,但是因为其他选项都不能削弱,所以E项相对更好。

43.【答案】B
【解析】刻画题干:成功的互联网公司→建立用户思维。其矛盾命题为:成功的互联网公司∧没有建立用户思维。A项说的是老牌互联网公司,与题干"初创互联网公司"话题不一致。

44.【答案】D
【解析】题干陈述倒U曲线理论后,用一个转折说明这个曲线理论不适用于欠发达国家。

45.【答案】D
【解析】D项说明"试管婴儿比自然受孕婴儿的出生缺陷率高"并不是由"试管婴儿技术"导致的,而是由"父母年龄大"导致的。B项是强干扰项,它说的是试管婴儿技术的失败率增加,但解释不了出生缺陷率为何增加。

46.【答案】C
【解析】由于共有五人,根据题干最后两个条件,设围坐的顺序为:甲、乙、丙、戊。此时剩下的丁只能在甲的两侧安排位置。鉴于甲和丁是同一专业的,而且两个文学专业的人中已经有一个与丙相邻了,故甲和丁只能同为法律专业。此时,剩下的乙不可能是文学专业(与另一个文学专业的人不相邻),则丙是文学专业。

47.【答案】C
【解析】如果C项为假,那么即使插在队伍中间也无法保证不受敌害攻击,题干的最后一句就不成立了,所以C项是必要的假设。D项是题干条件成立的预设,预设不同于假设,当它为假的时候,题干中"常与别的大雁交换位置"这个结论无意义,而不能说明这个结论做不到。E项是过度假设,只需要假设飞行在中间比在最前面节省体力即可。

48.【答案】E
【解析】$(1+1+1)! = 6$;$(4-4/4)! = 6$;$7-7/7 = 6$;$\sqrt{9} \times \sqrt{9} - \sqrt{9} = 6$。

49.【答案】D
【解析】题干肯定了充分条件假言命题的后件,进而肯定前件。D项与之类似。

50.【答案】D
【解析】题干的结论是"台风将不能聚集足够的能量",论据是"通过向空中喷洒海水水滴,增加台风形成区域上空云层对日光的反射"。D项说明"增加日光的反射"对于"台风聚集足够的能量"是有预防作用的,在前提和结论之间起到了搭桥的作用。

51.【答案】B
【解析】由于甲和乙的意见是相互矛盾的,所以两人意见中必有一个正确,根据题意可推出丙的意见错误。所以,丙的答案对。根据丙的答案对,而三人中只有一人的答案是对的，所以甲、乙的答案错误，由此可以推出乙的意见错误。由于乙和丙的意见都错误，所以甲的意见正确。

52. 【答案】A

【解析】刻画题干：(1) ¬张→李∨王；(2) 李→赵；(3) 王∨田；(4) 赵→¬田（田→¬赵）；(5) 田。

(4) 和 (2) 传递得：田→¬赵→¬李。对 (3) 转化可得到：田→¬王。合并可以得到：田→¬李∧¬王。(1) 的逆否为"¬李∧¬王→张"，再传递可得：田→¬李∧¬王→张。由 (5) 可知，"田"上场是一个事实，故 A 项正确。

53. 【答案】B

【解析】代入各项验证，要证明老大和老三撒谎、老二和老四说的对，只有 B 项符合条件。

54. 【答案】E

【解析】甲认为好男人就是一个对工作积极负责的人。乙显然不赞同甲，他提供的论据主要从生活嗜好方面评价。这说明二者对"好男人"这一概念的界定标准有差异。

55. 【答案】E

【解析】概率事件没有"必然性"，仅可以表示"可能性"，因此 A、B、C、D 四项都是错的。只有 E 项含有关键词"可能"，所以 E 项正确。

三、写作

56. 【解析】题干材料存在的主要逻辑漏洞有：

(1) 知人并不一定只能从个人平时的行为得到，因为这可能只是当事者刻意展现出来的；自知也未必是通过平时的行为所得到，而可能与内心反省有关，况且还存在自欺欺人者。自知与知人并不是非黑即白的关系，通过对周围人的了解，也能够对自身定位进行理性估计。

(2) 进步与了解自身缺点之间并不存在必然联系，就算有缺点，也不妨碍在其他方面进步；无知的人并不代表在各方面都无知，自知更多的也可以来自他人的提醒；并且认识了自己的缺点，也不意味着就会去改正，也有可能听之任之、放任自流。

(3) 不自知的人未必没有合理预期，仅通过一场考试判定不自知的人没有合理预期，这是片面的，况且考试结果的相对比较会帮助其建立更加客观的预期。

(4) 就算自知也不一定办事有效，所办之事如果受客观环境影响大，尽管胸有成竹，但也未必能够成功。

(5) "对内心欲求一无所知"并不意味着"没有目标"，因为目标很可能就在于"谈论别人头头是道"，因而总是在考虑别人的人也有可能吸引到追随者。

(6) 认识自我，如果没有使自我得到突破，就是一种原地踏步。材料最后一方面认为没有自知就没有追求，另一方面又认为没有"物欲之外心之所向"这种追求就没有自知，这是循环论证。

(7) 材料通篇只是论证"不自知者可悲"，但没有论证"不知人者更可悲"。

其他逻辑问题，只要言之成理，也可得分。

57.【解析】本题考查"管理认知"。

思考角度提示：

无论是在经济领域还是在政治领域，人才都被看作一种稀缺资源。如果轻视人才的重要性，那么国家和企业的发展很可能会失去优势。但人才未必是"全才"，"专才"或许是更好的选择。

"专才"是指在某一领域或某些领域有优势的一类人才。他们有时会因为自身的一些缺点而被忽略，甚至他们自己都未必意识到自己具有某些方面的潜力。正如材料所述，三位候选人都有自己的严重短板，但如果他们是训练新兵最合适的人选，那么短板就并不是问题。

一个人再好学、再上进，由于环境、家庭、成长过程的影响，想成为一个"全才"是极其困难的。况且对于领导者来说，"全才"更难以掌控，也会使企业面临的不确定性增加。任何人在某些事情上都或多或少有些短板，但这并不意味着他不可以成为一个"专才"来给国家、企业带来价值。倘若一味地寻找"全才"恐怕会错失很多机会。

那么我们如何才能正确地发现"专才"呢？首先，对于企业来讲，一个积极的人才上升通道是发现"专才"的关键。假若人才已经在某些方面展现出不俗的实力却苦于无法施展，那么他也很难为企业带来更多的效益。其次，良好的竞争机制也可以加速"专才"的脱颖而出，促进企业更高效的发展。

值得注意的是，"专才"的开发并不是领导者唯一重要的事。虽然对于企业发展来说，一个具有特殊优势的"专才"会为企业带来很大的收益，但他的某些缺点例如"腐败""欺诈"或许会让收益减少甚至发生损失。因此，权衡"专才"带来的收益和其短板带来的风险就变得十分关键。罗斯福说："不要在意个性上的缺点"，恐怕不是让领导者忽略其所有的缺点。

"专才"较之"全才"固然有其劣势，但若能够善加使用，则必定可以帮助企业提高其竞争力，也可以为企业带来更多收益。与其期待诸葛扭转乾坤分天下，不如善用陆逊、吕蒙取荆州。

经济类联考综合能力预测试题（四）参考答案与解析

一、数学基础

1. 【答案】C

   【解析】由题设，$\lim\limits_{x\to 0}x^2 f(x)=0$，从而当 $x\to 0$ 时，
   $$\sqrt[3]{1+x^2 f(x)}-1\sim\frac{1}{3}x^2 f(x),\ 1-\cos x\sim\frac{1}{2}x^2,$$
   因此，$\lim\limits_{x\to 0}\dfrac{\sqrt[3]{1+x^2 f(x)}-1}{1-\cos x}=\lim\limits_{x\to 0}\dfrac{\frac{1}{3}x^2 f(x)}{\frac{1}{2}x^2}=\lim\limits_{x\to 0}\dfrac{2}{3}f(x)=6$，则 $\lim\limits_{x\to 0}f(x)=9$，故选择 C.

2. 【答案】C

   【解析】由
   $$\lim\limits_{x\to +\infty}\frac{1}{x}\left(\sqrt{\frac{x^3}{1+x}}+ax-b\right)=\lim\limits_{x\to +\infty}\left(\sqrt{\frac{x}{1+x}}+a-\frac{b}{x}\right)=1+a=0,$$
   得 $a=-1$，从而得
   $$b=\lim\limits_{x\to +\infty}\left(\sqrt{\frac{x^3}{1+x}}-x\right)+1=\lim\limits_{x\to +\infty}\left[\frac{x(\sqrt{x}-\sqrt{x+1})}{\sqrt{1+x}}\right]+1$$
   $$=\lim\limits_{x\to +\infty}\left[\frac{-x}{\sqrt{1+x}(\sqrt{x}+\sqrt{x+1})}\right]+1=\frac{1}{2},$$
   故选择 C.

3. 【答案】A

   【解析】当 $|x|<1$ 时，$\lim\limits_{n\to\infty}x^{2n}=0$，知 $f(x)=1-x$，当 $|x|>1$ 时，$\lim\limits_{n\to\infty}x^{2n}=+\infty$，知 $f(x)=0$，当 $x=\pm 1$ 时，$\lim\limits_{n\to\infty}x^{2n}=1$，知 $f(x)=\dfrac{1}{2}(1-x)$，因此，得
   $$f(x)=\begin{cases}0, & x<-1,\\ \dfrac{1}{2}(1-x), & x=-1,\\ 1-x, & -1<x<1,\\ \dfrac{1}{2}(1-x), & x=1,\\ 0, & x>1,\end{cases}$$
   因此 $x=-1$ 为间断点，故选择 A.

4. 【答案】E

   【解析】根据 $f(x)$ 在闭区间上连续的概念，应有
   $$f(0)=\lim\limits_{x\to 0^+}f(x)=\lim\limits_{x\to 0^+}\left[\frac{1}{\pi x}-\frac{1}{\sin\pi x}-\frac{1}{\pi(1-x)}\right]$$
   $$=-\frac{1}{\pi}+\lim\limits_{x\to 0^+}\left(\frac{\sin\pi x-\pi x}{\pi x\sin\pi x}\right)=-\frac{1}{\pi}+\lim\limits_{x\to 0^+}\left(\frac{\sin\pi x-\pi x}{\pi^2 x^2}\right)$$
   $$=-\frac{1}{\pi}+\lim\limits_{x\to 0^+}\left(\frac{\cos\pi x-1}{2\pi x}\right)=-\frac{1}{\pi},$$
   故选择 E.

5.【答案】E

【解析】本题形式上是幂指函数的极限运算,应用对数计算法,取对数后,可以发现极限式恰好为函数 $\ln f(x)$ 在点 $x=1$ 处的导数定义式,因此,可转化为在该点的导数运算.
即由
$$\lim_{n\to\infty} n\left[\ln f\left(1+\frac{1}{n}\right)-\ln f(1)\right] = [\ln f(x)]'\Big|_{x=1} = \left(\frac{\cos x}{\sin x}\right)\Big|_{x=1} = \cot 1,$$
得
$$原极限 = e^{\cot 1},$$
故选择 E.

6.【答案】B

【解析】设 $y=f\left(\frac{4x-3}{4x+3}\right)$,由 $y=f(u),u=\frac{4x-3}{4x+3}$ 复合而成,$x=0$ 时,$u_0=-1$,于是,
$$\frac{dy}{dx}\Big|_{x=0} = f'(u_0)\frac{du}{dx}\Big|_{x=0} = \arctan(2u_0+1)\left(1-\frac{6}{4x+3}\right)'\Big|_{x=0}$$
$$= -\frac{24}{9}\arctan 1 = -\frac{2\pi}{3},$$
故选择 B.

7.【答案】A

【解析】函数增量 Δy 的线性主部,即 $y=f(e^{2x})$ 在点 $x=0$ 处的微分,因此有
$$[f(e^{2x})]'\Big|_{x=0}\Delta x = [2e^{2x}f'(e^{2x})]\Big|_{x=0}\times(-0.1) = -0.2f'(1) = 0.5,$$
解得 $f'(1)=-2.5$,故选择 A.

8.【答案】E

【解析】显然 $f(x)$ 可导,$f(x)$ 在点 $x=\frac{\pi}{4}$ 处取极值,则必有
$$f'\left(\frac{\pi}{4}\right) = a\frac{4}{\pi} - \frac{4}{3}\sin\pi = a\frac{4}{\pi} = 0,得 a=0.$$
又由 $f''\left(\frac{\pi}{4}\right) = -\frac{16}{3}(\cos 4x)\Big|_{x=\frac{\pi}{4}} = \frac{16}{3} > 0$,知 $f\left(\frac{\pi}{4}\right)$ 为极小值,故选择 E.

9.【答案】B

【解析】方程 $f(x)=0$ 有几个实根与曲线 $y=f(x)$ 与 x 轴有几个交点相关,由
$$f'(x) = 3x^2 + 6ax + 5b, \Delta = (6a)^2 - 4\times 3\times 5b = 36a^2 - 60b < 0,$$
知 $f'(x)>0$,$f(x)$ 单调增加,又当 $x\to-\infty$ 时,$f(x)\to-\infty$,当 $x\to+\infty$ 时,$f(x)\to+\infty$,函数 $f(x)$ 两端异号,从而知曲线 $y=f(x)$ 与 x 轴有唯一交点,即方程有唯一实根,故选择 B.

10.【答案】D

【解析】依据函数 $f(x)$ 导数的性质,讨论其单调性和曲线的凹凸性必须在区间内进行,如函数 $f(x)=-\frac{1}{x}$ 在定义域内,总有 $f'(x)=\frac{1}{x^2}>0$,由此,可以确定曲线 $y=f(x)$ 分别在区间 $(-\infty,0),(0,+\infty)$ 单调递增,但在 $(-\infty,+\infty)$ 并不单调递增,同理,由 $f''(x)>0$,不能推断曲线 $y=f(x)$ 在 $(-\infty,+\infty)$ 是凹的,但由于 $f(x)$ 在其定义域内存在二阶导数,即在定义域内均可导,也必连续,故选择 D.

11. 【答案】B

【解析】如图,$f(x)=\min\{x^3,x^4,1\}=\begin{cases}x^3, & x<0,\\ x^4, & 0\leqslant x<1,\\ 1, & x\geqslant 1,\end{cases}$

得 $y=\begin{cases}\dfrac{1}{4}x^4+C_1, & x<0,\\ \dfrac{1}{5}x^5+C_2, & 0\leqslant x<1,\\ x+C_3, & x\geqslant 1,\end{cases}$

由于 $\int f(x)\mathrm{d}x$ 在各个分段点连续,从而有 $C_1=C_2,\dfrac{1}{5}+C_2=1+C_3$,

取 $C_1=C_2=C,C_3=C-\dfrac{4}{5}$,于是得

$$y=\begin{cases}\dfrac{1}{4}x^4+C, & x<0,\\ \dfrac{1}{5}x^5+C, & 0\leqslant x<1,\\ x-\dfrac{4}{5}+C, & x\geqslant 1,\end{cases}$$

故选择 B.

12. 【答案】C

【解析】利用换元积分法计算,有

$$\int_0^1\dfrac{1}{\mathrm{e}^x+\mathrm{e}^{2-x}}\mathrm{d}x=\int_0^1\dfrac{1}{\mathrm{e}^{2x}+\mathrm{e}^2}\mathrm{d}(\mathrm{e}^x)\xrightarrow{u=\mathrm{e}^x}\int_1^{\mathrm{e}}\dfrac{1}{u^2+\mathrm{e}^2}\mathrm{d}u=\dfrac{1}{\mathrm{e}}\arctan\dfrac{u}{\mathrm{e}}\bigg|_1^{\mathrm{e}}$$
$$=\dfrac{\pi}{4\mathrm{e}}-\dfrac{1}{\mathrm{e}}\arctan\dfrac{1}{\mathrm{e}},$$

故选择 C.

13. 【答案】E

【解析】利用定积分定义,有

$$\lim_{n\to\infty}\dfrac{1}{n}\left(\sqrt{1+\cos\dfrac{2\pi}{n}}+\sqrt{1+\cos\dfrac{4\pi}{n}}+\cdots+\sqrt{1+\cos\dfrac{2k\pi}{n}}+\cdots+\sqrt{1+\cos 2\pi}\right)$$
$$=\lim_{n\to\infty}\sum_{i=1}^n\left(\sqrt{1+\cos\dfrac{2\pi i}{n}}\dfrac{1}{n}\right)=\int_0^1\sqrt{1+\cos 2\pi x}\mathrm{d}x\xrightarrow{u=\pi x}\dfrac{1}{\pi}\int_0^\pi\sqrt{1+\cos 2u}\mathrm{d}u$$
$$=\dfrac{1}{\pi}\int_0^\pi\sqrt{2}|\cos u|\mathrm{d}u=\dfrac{2\sqrt{2}}{\pi}\int_0^{\frac{\pi}{2}}\cos u\mathrm{d}u=\dfrac{2\sqrt{2}}{\pi},$$

故选择 E.

14. 【答案】C

【解析】分区间,利用换元积分法计算,有

$$\int_1^3\dfrac{x}{\sqrt{|x^2-4|}}\mathrm{d}x=-\dfrac{1}{2}\int_1^2\dfrac{1}{\sqrt{4-x^2}}\mathrm{d}(4-x^2)+\dfrac{1}{2}\int_2^3\dfrac{1}{\sqrt{x^2-4}}\mathrm{d}(x^2-4)$$
$$=-\sqrt{4-x^2}\bigg|_1^2+\sqrt{x^2-4}\bigg|_2^3=\sqrt{3}+\sqrt{5},$$

15. **【答案】** D

    【解析】 等式两边对 x 求导,得 $f'(x) = f(x)$,即有 $\dfrac{f'(x)}{f(x)} = 1$,两边积分,
    $$\int \dfrac{f'(x)}{f(x)} \mathrm{d}x = x + \ln C,$$
    得 $|f(x)| = Ce^x$,又 $f(0) = 0$,得 $C = 0$,因此,$f(x) = 0$,故选择 D.

16. **【答案】** D

    【解析】 由题设,函数 $f(x)$ 在区间 $[a,b]$ 上单调递增,积分 P,Q,R 分别表示函数 $f(x)$ 在区间 $[a,c]$,$[c,b]$,$[a,b]$ 上的平均值,如图,显然有不等式 $Q > R > P$,故选择 D.

    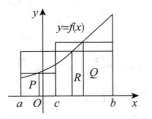

17. **【答案】** C

    【解析】 由变限积分定未知函数,一般通过求导解决,由于积分式内含自变量,求导前先整理,即
    $$\int_0^x f(x-t) e^{2t} \mathrm{d}t \xrightarrow{u=x-t} -\int_x^0 f(u) e^{2(x-u)} \mathrm{d}u = e^{2x} \int_0^x f(u) e^{-2u} \mathrm{d}u,$$
    于是,有等式 $\int_0^x f(u) e^{-2u} \mathrm{d}u = e^{-2x} \cos x$,两边关于 x 求导,得
    $$f(x) e^{-2x} = -e^{-2x} \sin x - 2 e^{-2x} \cos x, f(x) = -\sin x - 2\cos x,$$
    故选择 C.

18. **【答案】** C

    【解析】 根据函数的复合结构逐层展开求导,有
    $$g'(x) = f_1' + f_2' [f(x, f(x,x))]_x' = f_1' + f_2' [f_1' + f_2'(f_1' + f_2')],$$
    从而有
    $$g'(1) = a + b[a + b(a+b)] = a + ab + ab^2 + b^3.$$
    故选择 C.

19. **【答案】** A

    【解析】 **方法 1** 令 $F(x,y,z) = xz - y - e^z$,于是
    $$\dfrac{\partial z}{\partial y} = -\dfrac{F_y'}{F_z'} = -\dfrac{-1}{x - e^z} = \dfrac{1}{x - e^z}.$$

    方法 2 在方程两端对 y 求偏导数,有
    $$x z_y' = 1 + e^z z_y',\ 解得\ \dfrac{\partial z}{\partial y} = \dfrac{1}{x - e^z}.$$
    故选择 A.

20. **【答案】** B

    【解析】 点 (a,b) 与 n 个点距离的平方和为 $d^2 = \sum\limits_{i=1}^n [(a - x_i)^2 + (b - y_i)^2]$,
    令
    $$\begin{cases} (d^2)_a' = 2\sum\limits_{i=1}^n (a - x_i) = 0, \\ (d^2)_b' = 2\sum\limits_{i=1}^n (b - y_i) = 0, \end{cases} \text{解得} \begin{cases} a = \dfrac{1}{n} \sum\limits_{i=1}^n x_i, \\ b = \dfrac{1}{n} \sum\limits_{i=1}^n y_i, \end{cases}$$

又 $\Delta = [(d^2)''_{ab}]^2 - (d^2)''_{aa}(d^2)''_{aa} = -4n^2 < 0, (d^2)''_{aa} = 2n > 0,$

知 $a = \frac{1}{n}\sum_{i=1}^{n}x_i, b = \frac{1}{n}\sum_{i=1}^{n}y_i$ 为 d^2 的极小值点,即最小值点,故选择 B.

21.【答案】D

【解析】令 $\begin{cases} f'_x(x,y) = 3x^2y - 3y = 0, \\ f'_y(x,y) = x^3 - 3x + 2y = 0, \end{cases}$

解得驻点为 $(-\sqrt{3}, 0), (-1, -1), (0, 0), (1, 1), (\sqrt{3}, 0),$

又 $f''_{xx}(x,y) = 6xy, f''_{xy}(x,y) = 3x^2 - 3, f''_{yy}(x,y) = 2, \Delta = (3x^2-3)^2 - 12xy$,有
$\Delta(0,0) = 9 > 0, \Delta(-1,-1) = -12 < 0, \Delta(1,1) = -12 < 0, \Delta(-\sqrt{3}, 0) = 36 > 0,$
$\Delta(\sqrt{3}, 0) = 36 > 0$,于是,由 $f''_{xx}(-1,-1) = f''_{xx}(1,1) = 6 > 0$,知 $f(x,y)$ 有 2 个极小值点 $(-1,-1), (1,1)$,故选择 D.

22.【答案】E

【解析】$|A| = 0$ 的充分必要条件是 $r(A) < n$,或 A 的行(或列)向量组线性相关,并不一定要有两行(或列)成比例,或必定包含零元素,或所有行(或列)均可以被其余行(或列)线性表示,或所有 $r(r \leq n)$ 阶子式均为零,故选择 E.

23.【答案】B

【解析】由 $A^{-1} = \begin{pmatrix} 2 & 3 & 4 \\ 1 & -1 & 2 \\ 3 & 1 & 2 \end{pmatrix}$,得 $|A| = \begin{vmatrix} 2 & 3 & 4 \\ 1 & -1 & 2 \\ 3 & 1 & 2 \end{vmatrix}^{-1} = \frac{1}{20}$,有

$$A^* = |A|A^{-1} = \begin{pmatrix} \frac{1}{10} & \frac{3}{20} & \frac{1}{5} \\ \frac{1}{20} & -\frac{1}{20} & \frac{1}{10} \\ \frac{3}{20} & \frac{1}{20} & \frac{1}{10} \end{pmatrix},$$

从而有 $A_{21} + A_{22} + A_{23} = \frac{3}{20} - \frac{1}{20} + \frac{1}{20} = \frac{3}{20}$,故选择 B.

24.【答案】A

【解析】依题意,知 $(\alpha\alpha^T)^2 = \alpha\alpha^T, A^T = E^T - (2\alpha\alpha^T)^T = E - 2\alpha\alpha^T$,即有
$$AA^T = (E - 2\alpha\alpha^T)(E - 2\alpha\alpha^T) = E - 4\alpha\alpha^T + 4(\alpha\alpha^T)^2 = E,$$
故选择 A.

25.【答案】E

【解析】对于分块矩阵 $A = \begin{pmatrix} B & O \\ O & C \end{pmatrix}$,其中 B, C 为可逆矩阵,则 $A^{-1} = \begin{pmatrix} B^{-1} & O \\ O & C^{-1} \end{pmatrix}$.

本题中,$A - E = \begin{pmatrix} 1 & 2 & 0 \\ 3 & 5 & 0 \\ 0 & 0 & 3 \end{pmatrix}$,其中 $|B| = \begin{vmatrix} 1 & 2 \\ 3 & 5 \end{vmatrix} = -1 \neq 0, |C| = 3 \neq 0$,有 B, C 可逆,

于是

$$(A-E)^{-1} = \begin{pmatrix} B^{-1} & O \\ O & C^{-1} \end{pmatrix} = \begin{pmatrix} -5 & 2 & 0 \\ 3 & -1 & 0 \\ 0 & 0 & \frac{1}{3} \end{pmatrix},$$

故选择 E.

26. 【答案】B

【解析】条件①是 $\alpha_1, \alpha_2, \cdots, \alpha_s$ 线性无关的必要条件,条件③是 $\alpha_1, \alpha_2, \cdots, \alpha_s$ 线性无关的充分条件,条件⑤既非 $\alpha_1, \alpha_2, \cdots, \alpha_s$ 线性无关的充分条件也非 $\alpha_1, \alpha_2, \cdots, \alpha_s$ 线性无关的必要条件,充分必要条件有 2 个,故选择 B.

27. 【答案】E

【解析】依题设,$r(A)=2$,对应方程组 $Ax=0$ 的基础解系由两个无关解构成,又

$$(\alpha_1, \alpha_2, \alpha_3, \alpha_4)\begin{pmatrix} 1 \\ -1 \\ -1 \\ 0 \end{pmatrix} = 0, (\alpha_1, \alpha_2, \alpha_3, \alpha_4)\begin{pmatrix} 2 \\ 1 \\ 0 \\ -1 \end{pmatrix} = 0, (\alpha_1, \alpha_2, \alpha_3, \alpha_4)\begin{pmatrix} 1 \\ 1 \\ 3 \\ -1 \end{pmatrix} = \beta,$$

知 $\xi_1 = (1, -1, -1, 0)^T, \xi_2 = (2, 1, 0, -1)^T$ 为 $Ax=0$ 的一个基础解系,$\eta = (1, 1, 3, -1)^T$ 为原方程组的一个特解,于是,通解为
$x = c_1 \xi_1 + c_2 \xi_2 + \eta = c_1(1, -1, -1, 0)^T + c_2(2, 1, 0, -1)^T + (1, 1, 3, -1)^T, c_1, c_2$
为任意常数,故选择 E.

28. 【答案】A

【解析】显然,两个方程组有公共零解,关键考虑在有非零解的情况下两个方程组解的关系,设 $\alpha \neq 0$ 是方程组(Ⅰ)的解,即 $A\alpha = 0$,则也必有 $A^T A\alpha = 0$,因此,$\alpha \neq 0$ 也是方程(Ⅱ)的解,反之,设 $\alpha \neq 0$ 是方程组(Ⅱ)的解,即 $A^T A\alpha = 0$,从而有 $\alpha^T A^T A\alpha = (A\alpha)^T A\alpha = 0$,于是,根据矩阵运算的性质,必有 $A\alpha = 0$,知(Ⅱ)的解也是(Ⅰ)的解,所以,两方程组同解,故选择 A.

29. 【答案】B

【解析】分布函数的分段点即为离散型随机变量的正概率点,即 $X = -1, 2, 3$. 正概率点的概率即为分布函数在对应点跃度,方程 $x^2 + Xx + 1 = 0$ 有实根,即 $X^2 - 4 \geq 0$,从而有

$$P\{X^2 - 4 \geq 0\} = P\{-2 \geq X\} + P\{2 \leq X\}$$
$$= F(-2) + 1 - F(2-0) = 1 - 0.4 = 0.6,$$

故选择 B.

30. 【答案】C

【解析】由概率密度非负性,及选项 C 中函数 $\sin x$ 在其定义区域内为负,可以确定该函数不能构成某随机变量的概率密度,故选择 C. 另外,其余选项中的函数在其定义区域内非负,且在 $(-\infty, +\infty)$ 内积分为 1,都能构成某随机变量的概率密度.

31. 【答案】A

【解析】相互独立且同服从泊松分布的随机变量的和仍然服从泊松分布,其分布参数为各参数的和,即 $Z \sim P(\lambda_1 + \lambda_2 + \lambda_3)$,其分布律为

$$P\{Z=k\}=\frac{(\lambda_1+\lambda_2+\lambda_3)^k}{k!}e^{-(\lambda_1+\lambda_2+\lambda_3)}(k=0,1,2,\cdots),$$

即有 $P\{Z=2\}=\frac{(\lambda_1+\lambda_2+\lambda_3)^2}{2}e^{-(\lambda_1+\lambda_2+\lambda_3)}$, 故选择 A.

32. 【答案】B

【解析】方法 1 X 的可能取值为 $0,1,2,3$, X 的概率分布为
$$P\{X=k\}=\frac{C_3^k C_4^{3-k}}{C_7^3}(k=0,1,2,3),$$

即

X	0	1	2	3
P	$\frac{4}{35}$	$\frac{18}{35}$	$\frac{12}{35}$	$\frac{1}{35}$

因此, $EX=0\times\frac{4}{35}+1\times\frac{18}{35}+2\times\frac{12}{35}+3\times\frac{1}{35}=\frac{9}{7}$.

方法 2 分 3 次取球,每次取 1 个, $X_i(i=1,2,3)$ 为第 i 次取到白球数,则 X_i 的概率分布为
$$X_i\sim\begin{bmatrix}0 & 1\\ \frac{4}{7} & \frac{3}{7}\end{bmatrix}, EX_i=\frac{3}{7}, i=1,2,3,$$

因此, $EX=\sum_{i=1}^{3}EX_i=3\times\frac{3}{7}=\frac{9}{7}$, 故选择 B.

33. 【答案】C

【解析】$Y=F(X)$ 的分布函数是 $G(y)=P\{Y\leqslant y\}=P\{F(X)\leqslant y\}$,
显然当 $y<0$ 时, $G(y)=0$; 当 $1<y$ 时, $G(y)=1$;
当 $0\leqslant y\leqslant 1$ 时, $G(y)=P\{Y\leqslant y\}=P\{\sqrt[3]{X}-1\leqslant y\}=P\{X\leqslant (y+1)^3\}$
$$=F[(y+1)^3]=y,$$

因此, $G(y)=\begin{cases}0, & y<0,\\ y, & 0\leqslant y\leqslant 1,\\ 1, & 1<y,\end{cases}$ 从而知 Y 服从区间 $[0,1]$ 上的均匀分布,因此,
$$EY=\frac{1}{2}, DY=\frac{1}{12},$$

故选择 C.

34. 【答案】D

【解析】依题设, $\int_{-\infty}^{+\infty}f(x)\mathrm{d}x=\int_{a}^{+\infty}\frac{2}{\pi(1+x^2)}\mathrm{d}x=\frac{2}{\pi}\arctan x\Big|_{a}^{+\infty}=1-\arctan a=1$,

解得 $a=0$. 又由 $P\{a<x<b\}=\int_{0}^{b}\frac{2}{\pi(1+x^2)}\mathrm{d}x=\frac{2}{\pi}\arctan b=\frac{1}{2}$, $\arctan b=\frac{\pi}{4}$,
解得 $b=1$. 故选择 D.

35. 【答案】C

【解析】观察值大于 $\frac{\pi}{3}$ 的事件发生的概率为

$$p = P\left\{X > \frac{\pi}{3}\right\} = \int_{\frac{\pi}{3}}^{\pi} \frac{1}{2}\cos\frac{x}{2}\,\mathrm{d}x = \sin\frac{x}{2}\Big|_{\frac{\pi}{3}}^{\pi} = 1 - \frac{1}{2} = \frac{1}{2},$$

于是 Y 服从参数为 $5, \frac{1}{2}$ 的二项分布,因此,

$$EY = 5 \times \frac{1}{2} = \frac{5}{2}, DY = 5 \times \frac{1}{2} \times \left(1 - \frac{1}{2}\right) = \frac{5}{4},$$

$$EY^2 = DY + (EY)^2 = \frac{15}{2},$$

故选择 C.

二、逻辑推理

36. 【答案】B

    【解析】第二句话的逻辑关系为：¬反驳→摧毁顾客的信心。

    第三句话的逻辑关系为：反驳→摧毁顾客的信心。

    所以，可以发现无论反驳或不反驳都会摧毁顾客的信心，影响银行的声誉，故 B 项描述正确。

37. 【答案】B

    【解析】题干结构为"S→P，非 S→非 P"，只有 B 项符合此结构。

38. 【答案】E

    【解析】根据"甲队选手的排名都是偶数"以及"第八名是丙队选手"，可知甲队两名选手的可能名次只有 2、4、6 三种可能；根据"乙队两名选手的排名在甲队两名选手之间"，可知甲队选手排名只能是 2 和 6。所以乙队选手排名可能是 3、4、5 中的两个。根据"丙队选手的排名一个是奇数一个是偶数"以及"第八名是丙队选手"，可知另一名丙队选手排名只可能是 1、3、5、7；根据"乙队两名选手的排名也在丙队两名选手之间"排除 5 和 7，根据"第一名是丁队选手"排除 1，则另一名丙队选手是第 3 名。此时，乙队选手的排名是 4 和 5；相应地，丁队另一名选手是第 7 名。最终甲队 8+3=11（分）；乙队 5+4=9（分）；丙队 6+1=7（分）；丁队 10+2=12（分）。因此答案为 E 项。

39. 【答案】E

    【解析】动物的牙齿和面部的大小与形状决定它们的饮食。而动物每日行走的距离和生活群体的大小与它们的饮食有密切的联系。所以，动物的牙齿和面部的大小与形状方面的信息有助于辨别该动物是否是群居生活的动物。

40. 【答案】A

    【解析】题干的论述实际上是对主流经济理论观点的反驳。因此，制造商操纵和创造消费者需求的声明在题干的论述中起着论据的作用。

41. 【答案】D

    【解析】假设 A 项成立，则甲的话真，丙的话也真，因为丙说的是一个充分条件假言命题，并且它的前件为假，该充分条件假言命题肯定为真，这样就有两句真话，与给定条件"四人中只有一人的预测是正确的"矛盾，因此 A 项不成立。

    再假设 B 项成立，则乙、丙和丁的预测都是正确的，这又与给定条件"四人中

只有一人的预测是正确的"矛盾，因此 B 项不成立。

再假设 C 项成立，则乙、丙、丁的预测都是正确的，与给定条件矛盾，故 C 项不成立。

正确答案是 D 项，因为这时只有乙的预测是正确的，甲、丙、丁的预测都是错误的，与给定条件相符。

假设 E 项成立，则乙和丁的预测都是正确的，故排除 E 项。

42. 【答案】B

【解析】B 项明确说明现在天然气储量大大高于以往，否定了"天然气不足"这个前提，为最强削弱。D 项有削弱作用，但不能说明未来 65 年内天然气也无可替代，因为机械的设计习惯可以改进。E 项是支持项。

43. 【答案】B

【解析】由题干可知甲、乙两人说的话矛盾，必定一真一假，因而丙一定说假话，所以偷香火钱的是丙。

44. 【答案】C

【解析】推理主线：电视画面过快（不可控）→打击孩子想象力。题干推理存在跳跃，即没有说明"快慢可控"与"想象力"之间的关系。选项 C 说明了两者之间的关系，为推理建立了联系，起到了支持作用。

45. 【答案】C

【解析】通过已知条件可得：①有的美丽→不善良；②善良→美丽。命题②是全称肯定命题，而 C 项是同素材的特称否定命题，二者互为矛盾命题，所以由题干推不出 C 项。

46. 【答案】C

【解析】由题干可知，每次变魔术，无论怎样变，球都会少 2 个。因此，变了 30 次之后球少了 60 个，还剩 40 个。

47. 【答案】D

【解析】题干通过类比得出结论：陪审员不应该根据未经证实的所有认罪供词而宣告被告有罪。假如 D 项为真，则说明被告即使认罪也可能事实上并没有犯罪，假如陪审员根据这些认罪供词而宣布被告有罪就会产生错误的判决，因此支持了题干观点。

48. 【答案】D

【解析】由张美的话可知，她的哥哥不是张光且最矮；由张丽的话可知，张亮不是最矮的，故张美的哥哥是张华。同时由张丽的话可知，张俏的哥哥不是张亮，所以张俏的哥哥是张光。因此，张丽的哥哥是张亮。D 项正确。

49. 【答案】B

【解析】B 项有助于证明部分可生物降解的塑料饮料容器会产生更少的塑料垃圾。其余都是无关项。

50. 【答案】A

【解析】题干可以刻画为：①非（预报坏天气∨预售票卖得少）→举办音乐会，①等价于②：不举办音乐会→预报坏天气∨预售票卖得少；③不举办音乐会→退票款。题干的论证关系为：④有人退票→不举办音乐会→预报坏天气∨预售票卖得少。又因为没有出现预售票卖得少的情况，所以预报了出现坏天气。因此错误在于将"不办音乐会"与"退票款"之间的这种充分条件关系错当成了充要条件关系。

51. 【答案】A

    【解析】如果该相框不是由绘制这幅画的画家家乡的当地木材制作而成的，那么题干中说的"所使用的木头被广泛地发现在该时期的北德地区"就和谁绘制这幅画没什么关系。

52. 【答案】C

    【解析】C项提出了符合题干结论的"更加经济可行的解决方案"。D项支持了题干论据"有负面后果"，但并没有说明这种在更高的山上种植咖啡的方案是"更加经济可行的"。E项没有针对咖啡种植提出方案，对于题干论证来说是无关项。

53. 【答案】A

    【解析】A项如果为真，说明高价房的热销影响到了房屋均价，最能解释题干矛盾。B项无法解释为什么新建房屋销售的平均价格在快速上涨；C项无法解释为什么新建房屋销售量在下降；D、E两项最多说明影响房屋售价的成本在波动（未必是上升），不能解释销售量下降的现象。

54. 【答案】D

    【解析】A项提到的是"非专业读者群"，C项提到的是"非专业性图书馆"，这两个信息都与题干不匹配，题干陈述的不是相关方面的主张，故排除。B项提到的是"篇幅"，而题干提到的是"引用次数"，B项与题干不匹配，排除。E项的"价格"虽然在题干中被提到了，但是题干陈述的重点显然不是价格问题，排除。D项对"衡量应用价值的标准是引用次数"这个观点提出了质疑，因为引用次数受到了他因（主流的学科带头人的高度重视）的影响。本题用直接质疑的方法做会比较难，应该用排除法做。这是这道题的主要训练目标。

55. 【答案】C

    【解析】由题干可知，E没有获得金奖，否定了（1）的后件，则可否定其前件，所以"或者A的票数不多于B，或者C的票数不多于D"，又由于C的票数多于D，否定了选言命题的一个选言支，所以可以确定A的票数不多于B。

三、写作

56. 【解析】题干材料存在的主要逻辑漏洞有：

    （1）茶饮本就是中国消费者的一种主要饮品，但是小鹿茶这样的品牌能否成功，并不仅取决于茶饮市场有多大，而更多取决于其商业策略是否恰当。

    （2）2018年，茶饮在饮料市场增长迅速，或许只是偶然的、暂时的。《2019中国饮品行业趋势报告》的数据截止到2018年第三季度，在此之后的状况是不能由之前的数据必然得出的，因为茶饮市场可能趋于饱和，消费者的新鲜感可能会逐渐消退。

    （3）年轻消费者对小鹿茶这样的茶饮增长影响巨大，但中国的消费群体并不仅由年轻消费者构成，中年、老年消费者仍然占据着主要地位；另外，年轻人对茶饮的需求或许只是一时兴起。这些都不能说明"小鹿茶存在着巨大的商机"。

（4）茶饮门店数量的增加也不意味着茶饮未来就能成为中国的"超级饮品"，茶饮门店或许并不只出售茶饮，也可能对外出售其他饮品。

（5）头部茶饮品牌在三、四线城市渗透率不高，或许是因为年轻消费群体都集中于一、二线城市；茶饮市场在三、四线城市极度分散，或许正是为了适应三、四线城市的消费形式而进行的分散设立，规模不大可以保证成本较低，也能使得盈利能力更强，更具可调节的竞争性。因此，以上三、四线城市的特征不能作为"瑞幸有机会"的充分证据。

（6）独立的品牌体系，未必能吸引三、四线城市的消费者，消费者普遍具有从众心理，新兴品牌并不一定能获得广大消费者的认可；肖战在青少年受众中具备一定的影响力，可是在中青年以及老年消费群体中，认知度会大幅降低；强调差异化或许使企业在成立初期能带给消费者一定的吸引力，但并不意味着会对消费者保持该吸引力。

其他逻辑问题，只要言之成理，也可得分。

57. 【解析】思考角度提示：

（1）从偏好的关联性入手来提升影响力。

当你和一个人的偏好发生了密切的关联时，你对这个人的影响力就会上升。一个管理者要关心员工的兴趣和爱好，拿出一些时间参与其中。在这个过程中，管理者的影响力就不知不觉地提升了。少从威胁入手，多从兴趣入手，这是打开心灵大门的一把小钥匙。无论是家长、老师，还是各级团队的领导，在引导、带领、示范、传授的过程中，一定要做一些让对方敬佩、让别人赞许的行为。当你的形象在别人心目中提升了以后，你的影响力自然而然也就有了。

（2）通过展示个人特征的相似性，迅速增加影响力。

要想增加影响力，应该把要求或者命令先放一边，展示相似性，通过适度地自我暴露，让对方感觉到你和他是有相似性的，接下来影响力自然而然就增加了。

（3）增加权威性可以增加影响力。

在分析一件事情的时候，引用名人名言、讲数据、讲规律，会增加你的权威性。但增加权威性的首要因素不是知识，而是行动。提高权威性不在于你知道什么，而在于你能做到什么。孔子主张"先之，劳之，无倦"，意思是要积极干，主动干，热情地投入，以实际行动发挥表率和引领作用。情绪或者威胁都是第二位的，第一位的一定是行动，要能做到知行合一、率先垂范，从语言推动变成行为引导。当你要改变一个人的时候，不要去想"我说点什么，他就改变了"，而应该去想"我做点什么，他就改变了"，这才是诀窍所在。

（4）通过交往的互惠性增加影响力。

现代的管理理论在研究领导力的建设和团队建设的时候，也提过一个关键术语，这个关键术语叫作"员工关怀计划"。其实这个计划的核心就是满足需求。一般来说，人的需求分为两大类：一类是低层需求；一类是高层需求。低层需求基本上都是物质需求，高层需求主要都是精神需求。在人和人的交往过程中，了解一下对方的需求，针对性地加以满足，这样你对他的影响力就会迅速增加，你们之间的关系就会迅速改善。

备注：本题涉及管理领域的一个重要方面：增加影响力。

版权专有 · 侵权必究

图书在版编目(CIP)数据

经济类联考综合能力最后 4 套卷 / 张宇，东方硕主编. —北京：北京理工大学出版社，2020.10

ISBN 978 - 7 - 5682 - 9161 - 3

Ⅰ.①经⋯ Ⅱ.①张⋯ ②东⋯ Ⅲ.①经济学－研究生－入学考试－习题集 Ⅳ.①F0 - 44

中国版本图书馆 CIP 数据核字(2020)第 200031 号

出版发行 / 北京理工大学出版社有限责任公司
社　　址 / 北京市海淀区中关村南大街 5 号
邮　　编 / 100081
电　　话 / (010)68914775(总编室)
　　　　　 (010)82562903(教材售后服务热线)
　　　　　 (010)68948351(其他图书服务热线)
网　　址 / http://www.bitpress.com.cn
经　　销 / 全国各地新华书店
印　　刷 / 三河市文阁印刷有限公司
开　　本 / 787 毫米×1092 毫米　1/16
印　　张 / 6
字　　数 / 150 千字
版　　次 / 2020 年 10 月第 1 版　2020 年 10 月第 1 次印刷
定　　价 / 25.80 元

责任编辑 / 多海鹏
文案编辑 / 多海鹏
责任校对 / 周瑞红
责任印制 / 李志强

图书出现印装质量问题，请拨打售后服务热线，本社负责调换